全图解

Diagram

真账实操教你学会计

罗贝加 / 编著

中国铁道出版社
CHINA RAILWAY PUBLISHING HOUSE

内容简介

本书是一本以真账教你学会计的工具书，全书共10章，按照会计做账的全流程安排全书内容，每个章节都是做账流程中的重要环节。以这种方式安排内容，可以使读者真实地融入到会计工作的全流程学习中，而不是分散地单独学习会计做账知识。

书中案例具体到某一家公司，使得所有会计业务处理更真实，让读者更能切实感受会计工作的具体处理过程和细节，真正达到理论与实践相结合。

本书适合会计新手、在职会计人员及企业经营管理者使用，同时也适合对会计知识有兴趣且想要深入学习的人群。另外，书中还有很多具体的实战案例处理过程，可方便公司进行财务培训、会计机构教学培训以及各高校财务管理专业的师生阅读和使用。

图书在版编目（CIP）数据

全图解！真账实操教你学会计 / 罗贝加编著 .—北京：中国铁道出版社，2018.3（2018.10 重印）

ISBN 978-7-113-23908-4

Ⅰ. ①全… Ⅱ. ①罗… Ⅲ. ①会计学—图解 Ⅳ. ① F230-64

中国版本图书馆 CIP 数据核字（2017）第 253854 号

书　　名：全图解！真账实操教你学会计
作　　者：罗贝加　编著

策划编辑：王　佩　　**读者热线电话：**010-63560056
责任编辑：杨新阳
责任印制：赵星辰　　**封面设计：**MXK DESIGN STUDIO

出版发行：中国铁道出版社（100054，北京市西城区右安门西街 8 号）
印　　刷：三河市宏盛印务有限公司
版　　次：2018 年 3 月第 1 版　　2018 年 10 月第 4 次印刷
开　　本：700mm×1000mm　1/16　**印张：**18.75　**字数：**257 千
书　　号：ISBN 978-7-113-23908-4
定　　价：49.00 元

PREFACE 前言

会计是对企业实际发生的经济活动进行核算，以凭证为依据，完整、连续地进行记录，并按经济管理的要求，提供系统的数据资料，以便于企业全面掌握经济活动情况，考核经济效果。因此，对企业而言，会计工作是十分重要的一项工作。

一个完整的会计工作流程是从审核原始单据开始的，然后是填制会计凭证、登记相关账簿、核算成本、结转损益、对账和结账、编制会计报表并做出财务分析。

而本书的重点则是如何将企业的日常经营业务用会计的“语言”进行阐述，以一个公司的开办，商品购进、销售，结算成本以及最后编制报表的会计过程作为导向，清晰地反映作为财务人员应当在每个时期的工作内容。

为了满足读者的需求，减少读者在实际会计工作中的失误，引导读者快速地进入会计工作环境，编者决定编著本书，希望读者在读完这本书后，对真实的会计工作有更深地了解。

本书共10章内容，大致按企业经营过程中涉及的会计工作进行讲解，具体内容如下图所示。

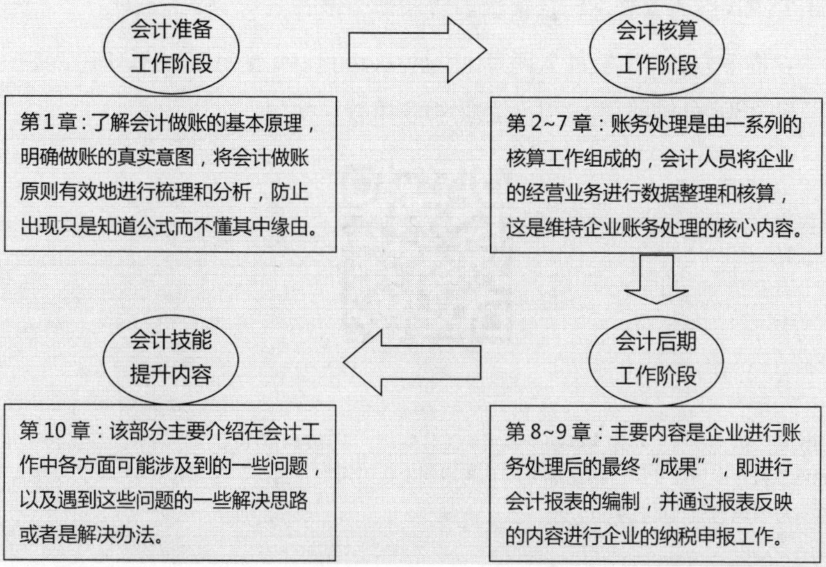

前言 PREFACE

本书尤其注重内容的实用性和操作性，有很明显的写作特点，具体如下：

- ◆ 书中涉及企业生产经营环节的主要内容，以一家公司为例贯穿讲解一连串企业实账处理工作，使得书中案例更加具体、连贯且真实。
- ◆ 在必要的地方加入小栏目样式，意在补充正文中没有讲解到的一些补充类知识，同时起到提醒读者和引起读者关注的作用。
- ◆ 以实账操作的形式反映出企业进行账务处理时的一些具体操作细节，让读者更加明确实际工作中的着手点。
- ◆ 在企业生产经营的各主要环节的相关章节（第2～7章）末尾，单独设置了一个二级标题，把每一个环节涉及的12月份的账务处理进行连续讲解。这一方式可以更好地帮助读者更加连贯地了解企业的会计实操工作。

本书整体结构清晰明了，由浅入深地对企业的会计工作进行讲解，从最初的准备工作，再到实际账务处理，最后到企业的纳税申报等一系列操作，将一个企业完整的会计工作流程进行了充分的展现。此外，书中涉及了一些会计工作应注意的失误操作以及调整思路和办法等，可以帮助一些已经进入会计工作状态的读者进行错误的纠正和能力提升。

扫描下方二维码或输入网址http://www.crphdm.com/2016/0815/12457.shtml即可获得800分钟的用友U8、金蝶K3应用教学视频。

编 者

2018年5月

特别说明：本书所有的案例均改编于真实的工作实例，但是为了方便读者学习和熟悉在2018年5月实施的增值税方案调整新政，因此本书所有的案例发生时间均人为设定在2018年5月及其以后，不会影响读者对相关知识的正常学习。

CONTENTS 目录

Chapter 01 会计做账不同于流水账

目录 CONTENTS

Chapter 02 会计做账之资产负债核算

CONTENTS

目录 CONTENTS

CONTENTS

目录 CONTENTS

CONTENTS

目录

CONTENTS

CONTENTS

Chapter

01

会计做账不同于流水账

OPTIONS

【本章要点】

P03 复式记账法的原则

P04 复式记账法理论基础的应用

P16 借贷记账法的记账规则

P22 借贷记账法的试算平衡表

OPTIONS

【实账处理】

P04 公司2018年的资产负债表的部分项目

P05 公司从银行提取备用金

P05 公司投资者投入设备作为投资资本

P06 公司向干美食品公司购买糯米

P06 公司偿还从银行借入的借款

P07 公司用转账支票的形式购买电脑

……

资产=负债+所有者权益——复式记账

复式记账法是指以资产与权益（负债和所有者权益）的平衡关系作为记账基础，对于每一项经济业务，都要在两个或两个以上相互联系的账户中进行登记，系统地反映资金运动变化结果的一种记账方法。复式记账的理论依据是“资产=负债+所有者权益”这一会计等式。

复式记账法的基本原理

复式记账法按记账符号、记账规则和试算平衡方法的不同，可分为借贷记账法、增减记账法和收付记账法。借贷记账法是当今运用较广泛的一种复式记账法，也是目前我国法定的记账方法。至于哪一方记增加金额，哪一方记减少金额，则取决于账户所要反映的经济内容和业务性质。

复式记账法是指企业会计人员对任何一笔经济业务都要以相等的金额在两个或两个以上相互联系的账户中进行登记，借以反映会计对象具体内容的增减变化。

任何一项经济业务都涉及两个或两个以上的会计科目，复式记账法可以记录经济业务的来龙去脉。比如，某单位以银行存款2000元支付欠的货款，那么这笔经济业务至少会涉及单位的“银行存款”账户和“应付账款”账户，复式记账会反映这笔经济业务导致单位的“银行存款”和“应付账款”均减少，这笔经济业务的来龙去脉也就清晰可见了。又比如，某单位购买一台价值5000元的设备，但是设备款尚未支付，那此笔经济业务就是“固定资产”增加了，但是并不代表单位就不承担此项负债，那么单位的负债类科目“应付账款”就会相应地增加5000元，这样此消彼长的经济业务往来才是最真实的经济业务。

复式记账法的原则

复式记账法是系统地反映资金运动变化结果的一种记账方法，它必须遵循以下原则才能充分发挥其作用。

（1）以会计等式作为记账基础

会计等式是将会计对象的具体内容，即会计要素之间的相互关系，运用数学方程式的原理进行描述而形成的。为了揭示资金运动的内在规律性，复式记账必须以会计等式作为其记账基础。

（2）必须在两个或两个以上相互联系的账户中进行等额记录

会计主体发生经济业务，必然要引起资金的增减变动，而这种变动势必导致会计等式中至少两个要素或同一要素中至少两个项目发生等量变动。为了反映这种等量变动关系，会计上就必须在两个或两个以上的账户中进行等额双重记录。

（3）必须按经济业务对会计等式的影响类型进行记录

尽管企业发生的经济业务复杂多样，但对会计等式的影响不外乎两种类型：一类是影响会计等式等号两边会计要素同时发生变化的经济业务，这类业务能够变更企业资产总额，使会计等式等号两边等额同增或等额同减；另一类是影响会计等式等号某一边会计要素发生变化的经济业务，这类业务不变更企业资产总额，只会使会计等式等号某一边等额地有增有减。

（4）定期汇总的全部账户记录必须平衡

通过复式记账对每笔经济业务的双重等额记录，定期汇总全部账户的数据必然会保持会计等式的平衡关系。

复式记账法理论基础的应用

复式记账法是以会计恒等式为理论基础的，那么这个等式在具体的复式记账工作中有什么应用呢？

从该节内容开始将进入本书的实操内容讲解。在案例讲解部分，本书将模拟一家大型的食品加工制造公司——贤力食品有限公司（以下简称贤力公司），并对该公司10—12月份发生的经济业务进行账务处理，尽量还原真实的会计工作流程和工作内容，让读者通过对实账的处理进行实战学习，从而快速熟悉并精通账务处理和税务工作。

【实账处理】——公司2018年的资产负债表的部分项目

贤力公司2018年年初的资产负债表的部分组成情况如下：资产1373000元，其中库存现金3000元，银行存款50000元，应收账款120000元，原材料200000元，固定资产1000000元；负债700000元，其中短期借款150000元，应付账款50000元，应付票据180000元，应付股利320000元；所有者权益673000元，其中实收资本320000元，资本公积273000元，盈余公积80000元。上述贤力公司资产负债表的部分内容具体如图1-1所示。

资产负债表

编制单位：贤力食品有限公司　　　　单位：元

资产	期初余额	负债和所有者权益	期初余额
库存现金	3000	短期借款	150000
银行存款	50000	应付账款	50000
应收账款	120000	应付票据	180000
原材料	200000	应付股利	320000
固定资产	1000000	实收资本	320000
		资本公积	273000
		盈余公积	80000
合计	1373000	合计	1373000

图1-1

由图1-1可知，贤力公司的资产（1373000元）=负债（700000元）+所有者权益（673000元）。这就反映了贤力公司在2018年初的时候，资产负债表的数据是符合会计恒等式的原理的。下面来看贤力公司在经营中发生了部分经济业务之后，资产负债表是否还能保持平衡。

【实账处理】——公司从银行提取备用金

贤力公司的出纳小张从银行提取现金3000元，用作日常的资金备用。

借：库存现金　　　　　　　　3000

　　贷：银行存款　　　　　　　　3000

贤力公司的这项经济业务，银行存款和库存现金均是企业的资产，但是银行存款减少，库存现金增加，会计恒等式的同一边一增一减，仍然不影响等式的平衡，即资产（+3000-3000）=负债+所有者权益。

【实账处理】——公司投资者投入设备作为投资资本

贤力公司的投资者王总向公司投入一台价值250000元的设备作为自己的投资资本，合作合同已经签署并达成共识。

借：固定资产　　　　　　　　250000

　　贷：实收资本　　　　　　　　250000

贤力公司的这项经济业务，投资者王总以价值250000元的设备作为投资资本，对于贤力公司而言，公司的固定资产（资产）增加了250000元，另一方面实收资本（所有者权益）同样增加了250000元，即资产（+250000）=负债+所有者权益（+250000）。

【实账处理】——公司向千美食品公司购买糯米

贤力公司向千美食品公司购买所需的食材糯米，价值50000元，但是由于资金周转问题，暂时未向千美食品公司支付该笔货款。

借：原材料　　　　　　　　　　　　50000

　　贷：应付账款——千美食品公司　　　　50000

贤力公司的这项经济业务，使公司的原材料（资产）增加了50000元，但是由于货款没有支付给千美食品公司，那么欠款（负债）也就相应增加了50000元，即资产（+50000）=负债（+50000）+所有者权益。

【实账处理】——公司偿还从银行借入的借款

由于贤力公司前期开办时资金紧张，从银行借入了10000元的短期借款，后因资金宽裕并且借款到期，公司决定以银行存款转账偿还该笔借款。

借：短期借款　　　　　　　　　　　10000

　　贷：银行存款　　　　　　　　　　　10000

贤力公司的这项经济业务，由于偿还银行的借款，使公司的短期借款（负债）减少了10000元，但是另一方面，公司的银行存款（资产）也相应地减少了10000元，即资产（-10000）=负债（-10000）+所有者权益。

【实账处理】——公司根据法院规定抽回某设备投资

由于贤力公司某投资者涉嫌经济犯罪，根据法院规定，该投资者的一台价值50000元的设备将被调出，用以抽回该投资者对贤力公司的投资。

借：实收资本 50000

贷：固定资产 50000

贤力公司的这项经济业务，使公司的实收资本（所有者权益）减少了50000元，但是相应地公司的固定资产（资产）也减少了50000元，即资产（-50000）=负债+所有者权益（-50000）。

【实账处理】——公司用转账支票的形式购买电脑

贤力公司出纳开出转账支票20000元，为公司购置5台电脑。

借：固定资产 20000

贷：银行存款 20000

贤力公司的这项经济业务，使公司的固定资产（资产）增加了20000元，但是相应地，公司的银行存款（资产）也减少了20000元，等式同一边出现一增一减，即资产（+20000-20000）=负债+所有者权益。

【实账处理】——公司开出一张商业汇票偿还前欠货款

贤力公司开出一张面值为50000元的商业汇票，用以抵偿之前向千美食品公司购买所需的糯米食材的欠款。

借：应付账款——千美食品公司 50000

贷：应付票据 50000

贤力公司的这项经济业务，使公司的应付账款（负债）减少了50000元，但是相应地，公司的另一项负债（应付票据）却增加了50000元，等式的一边一增一减，即资产=负债（+50000-50000）+所有者权益。

【实账处理】——公司按股东会议规定提取盈余公积

贤力公司本年度实现净利润为560000元，年初未分配利润为0元。经股东大会批准，公司按当年净利润的10%提取法定盈余公积，假定不考虑其他因素。

借：利润分配——提取盈余公积　　　　56000

　　贷：盈余公积　　　　　　　　　　　56000

贤力公司的这项经济业务，使公司的利润分配（所有者权益）减少了56000元，但是相应地，公司的盈余公积（另一项所有者权益）却增加了56000元，等式同一边出现一增一减，即资产=负债+所有者权益（-56000+56000）。

【实账处理】——公司股东用未分配利润转增资本

贤力公司考虑到自身规模的发展，想要增加公司的资本积累，经过股东会议的一致决定，将公司第二季度的未分配利润150000元转增为公司资本。

借：应付股利　　　　　　　　　　　150000

　　贷：实收资本　　　　　　　　　　　150000

贤力公司的这项经济业务，使公司的应付股利（负债）减少了150000元，但是相应地，公司的实收资本（所有者权益）却增加了150000元，等式同一边出现一增一减，即资产=负债（-150000）+所有者权益（+150000）。

【实账处理】——公司代投资者偿还债务冲减其投资

贤力公司的其中一位投资者由于自身原因无法偿还甲公司的欠款，经过公司的会议决定，按照有关规定公司代其偿还欠款50000元，冲减其在公司的投资资金，相关手续已经办妥，但尚未支付该欠款。

借：实收资本　　　　　　　　　　　　50000

　　贷：应付账款——甲公司　　　　　　　　50000

贤力公司的这项经济业务，公司已经承诺向甲公司支付该笔欠款，并且已经办妥手续，那么这笔欠款就已经转嫁给贤力公司，故公司的应付账款（负债）增加了50000元，但是相应地，该投资者在公司的股份就有所削减，其实收资本（所有者权益）就减少了50000元，等式同一边出现一增一减，即资产=负债（+50000）+所有者权益（-50000）。

从以上一段时间内贤力公司的经营情况来看，所做的账务处理是否会影响到公司的资产负债表的平衡关系呢？图1-2所示为贤力公司的资产负债变动情况。

资产负债表

编制单位：贤力食品有限公司　　　　单位：元

资产	期初余额	负债和所有者权益	期初余额
库存现金	3000+3000	短期借款	150000-10000
银行存款	50000-3000-10000-20000	应付账款	50000+50000-50000+50000
应收账款	120000	应付票据	180000+50000
原材料	200000+50000	应付股利	320000-150000
固定资产	1000000+250000-50000+20000	实收资本	320000+250000-50000-50000+150000
		资本公积	273000
		盈余公积	80000+56000
		利润分配	-56000
合计	1613000	合计	1613000

图1-2

通过图1-2可知，贤力公司经过一段时间的经营之后，其经济活动涉及资产、负债以及所有者权益，但是并未影响资产负债表的平衡关系，因为每项账务处理都是在复式记账法的原则下进行的，所以等式的整体不会发生“失衡”情况。

有借必有贷，借贷必相等——借贷记账

借贷记账法是复式记账法的最主要表现形式，是使用最广泛的一种复式记账法。简单而言，借贷记账法是以“借”和“贷”作为记账符号的一种复式记账方法，它遵循“有借必有贷，借贷必相等”的原则。

借贷记账法的账户结构

在借贷记账法下，每一个账户都可分为借方和贷方两个基本部分。一般将账户的左方记为借方，右方记为贷方。

在借贷记账法下，账户的借贷两方必须作为相反方向的记录，即对于每一个账户而言，如果规定借方用来登记增加额，则贷方用来登记减少额；如果规定借方用来登记减少额，则贷方就用来登记增加额。究竟哪方用来登记增加额、哪方用来登记减少额，取决于账户所反映的经济业务内容和账户性质。不同性质的账户，其结构也不相同。

在借贷记账法下，各类不同性质账户的基本结构有资产类账户的结构、负债类账户的结构、所有者权益类账户的结构、成本费用类账户的结

构以及收益类账户的结构。

（1）资产类账户的结构

资产类账户借方登记增加额，贷方登记减少额，期末余额一般在借方，表示期末时资产的余额，有些账户可能会无余额。资产类账户余额的计算公式如下：

期末借方余额＝期初借方余额+本期借方发生额-本期贷方发生额

资产类账户的结构如图1-3所示。

资产类账户

借方		贷方	
期初余额	×××		
本期增加额 （本期借方发生额）	×××	本期减少额 （本期贷方发生额）	×××
本期发生额（增加额合计）	×××	本期发生额（减少额合计）	×××
期末余额	×××		

图1-3

企业资产类账户的增加和减少在具体的实账处理中是如何体现的呢？通过以下贤力公司的具体经济活动来展现。

【实账处理】——公司涉及“银行存款”的增减变动

公司在2018年10月初的“银行存款”账户余额为借方320000元，10月3日从银行借入借款200000元存入银行账户，10月5日支付华康面粉厂货款30000元，10月7日收到星星公司货款32000元，当日用银行存款方式支付办公费用2000元。公司10月8日“银行存款”账户的余额应该为多少？相关账务处理如下。

10月3日从银行借入借款时：

借：银行存款　　　　　　　　　　200000

　　贷：短期借款　　　　　　　　　　200000

10月5日支付面粉厂货款时：

借：应付账款——华康面粉厂　　　　30000

　　贷：银行存款　　　　　　　　　　30000

10月7日收到星星公司货款和支付办公费用时：

借：银行存款　　　　　　　　32000

　　贷：应收账款——星星公司　　32000

借：管理费用——办公费　　　　2000

　　贷：银行存款　　　　　　　2000

通过以上业务，贤力公司的“银行存款”账户变动情况如图1-4所示。

“银行存款”账户

借方		贷方	
期初余额	320000		
本期增加额 （本期借方发生额）	200000+32000	本期减少额 （本期贷方发生额）	30000+2000
本期发生额（增加额合计）	232000	本期发生额（减少额合计）	32000
期末余额	520000		

图1-4

（2）负债类账户的结构

负债类账户借方登记减少额，贷方登记增加额，期末余额一般在贷方，表示期末时负债的余额。负债类账户余额的计算公式如下：

期末贷方余额=期初贷方余额+本期贷方发生额-本期借方发生额

负债类账户的结构如图1-5所示。

负债类账户

借方		贷方	
		期初余额	×××
本期减少额（本期借方发生额）	×××	本期增加额（本期贷方发生额）	×××
本期发生额（减少额合计）	×××	本期发生额（增加额合计）	×××
		期末余额	×××

图1-5

企业负债类账户的增加和减少在具体的实账处理中是如何体现的呢？通过以下贤力公司的具体经济活动来了解。

【实账处理】——公司涉及“应付账款”的增减变动

公司在2018年10月初的“应付账款”账户余额为贷方120000元，10月2日向龙堡养殖公司支付货款52000元，10月3日又向该养殖场购买了价值20000元的牛肉，只支付了10000元的货款。公司的相关账务处理如下。

10月2日向龙堡养殖公司支付货款时：

借：应付账款　　52000

　　贷：银行存款　　52000

10月3日向养殖场支付货款时：

借：原材料　　20000

　　贷：应付账款　　10000

　　　　银行存款　　10000

根据以上经济业务，如果贤力公司在10月3日未再发生其他涉及“应付账款”经济业务，则该账户的余额应为：

应付账款余额＝期初贷方余额（120000）+本期贷方发生额（10000）－本期借方发生额（52000）＝78000（元）

（3）所有者权益类账户的结构

所有者权益类账户借方登记减少额，贷方登记增加额，期末余额一般在贷方，表示期末时所有者权益的余额。其余额的计算公式和账户结构与负债类账户均相同。

企业所有者权益类账户的增加和减少在具体的实账处理中是如何体现的呢？通过以下甲公司的具体经济活动来展现。

【实账处理】——甲公司的A股东和B股东的投资状况

甲股份有限责任公司有A、B两位股东，在公司创建期间，共向公司注入1000000元的资金，两位各占50%的股份；经营一段时间后，A股东要求抽回200000元的资金，B股东追加200000元的资本投入。甲公司的账务处理如下。

A股东抽回资金时：

借：实收资本　　200000

　　贷：银行存款　　200000

B股东追加资本时：

借：银行存款　　200000

　　贷：实收资本　　200000

根据以上经济业务，甲公司的所有者权益类账户——“实收资本”账户的余额计算如下：

实收资本余额=期初贷方余额（1000000）+本期贷方发生额（200000）-本期借方发生额（200000）=1000000（元）

（4）成本费用类账户的结构

企业在经营过程中有成本费用的产生。在成本费用抵减收入之前，它应当被看作一项资产，因此，成本费用类账户的结构与资产类账户的结构基本相同，即账户的借方登记成本费用的增加额，贷方登记成本费用的转销额。该账户的借方增加额都应在月末通过账户的贷方进行转出，所以账户通常没有余额，如果有余额，则都应在借方，表示尚未转出的成本费用数额。其账户结构如图1-6所示。

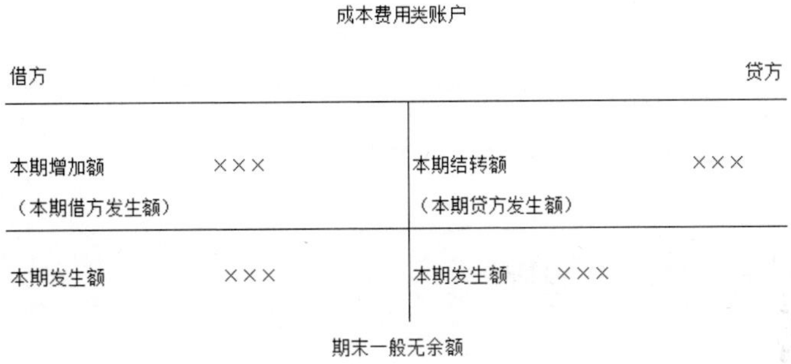

图1-6

（5）收益类账户的结构

企业最后的经营结果会导致所有者权益的变化，也就是企业的经营结果与企业的投资者的利益有着密切的关系。收益的增加可视为所有者权益的增加，因此收益类账户的结构与所有者权益类账户的结构基本相同，即收益类账户的贷方登记收益的增加额，借方登记收益的转销额。通常该账户没有余额。

在借贷记账法下，借方登记资产、成本费用的增加额，负债、所有者权益的减少额和收益的转销额；贷方登记资产的减少额和成本费用的转销额，以及负债、所有者权益和收益的增加额。用“T”形账户表示全部账户结构，如图1-7所示。

×××账户

借方	贷方
资产增加额	资产减少额
成本费用增加额	成本费用转销额
负债减少额	负债增加额
所有者权益减少额	所有者权益增加额
收益转销额	收益增加额
（本期发生额）	（本期发生额）
期末余额：资产/成本费用类	期末余额：负债/所有者权益类

图1-7

借贷记账法的记账规则

所谓借贷记账法的记账规则就是，企业根据经济业务的发生，设置相应的会计科目和账户并判断其性质，根据该项经济业务所涉及的账户是增加还是减少，确定应该登记其账户的借方或贷方。

下面以贤力公司在10月份的部分经济活动作为案例，具体说明在借贷记账法下公司的经济业务的会计处理工作。

【实账处理】——公司李总向公司投入资金

2018年10月，李总向公司投入货币资金100000元，合同已经签订，相关手续也已经完备，款项已转入公司账户。

借：银行存款　　　　100000

　　贷：实收资本　　　　100000

以上经济业务涉及资产类账户“银行存款”和所有者权益类账户“实收资本”，“银行存款”借方登记增加额，“实收资本”贷方登记增加额。具体以“T”形账户表示，如图1-8所示。

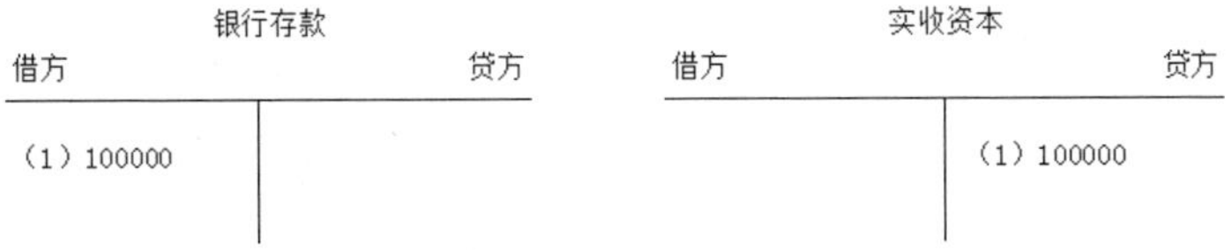

图1-8

【实账处理】——公司向千美食品公司购买糯米，货款未付

2018年10月8日，公司向千美食品公司购买价值30000元的糯米进行加工，但是货款尚未支付。

借：原材料　　　　　　　　　　　　30000

　　贷：应付账款——千美食品公司　　　　30000

以上经济业务涉及资产类账户“原材料”和负债类账户“应付账款”，“原材料”借方登记增加额，“应付账款”贷方登记增加额。具体以“T”形账户表示，如图1-9所示。

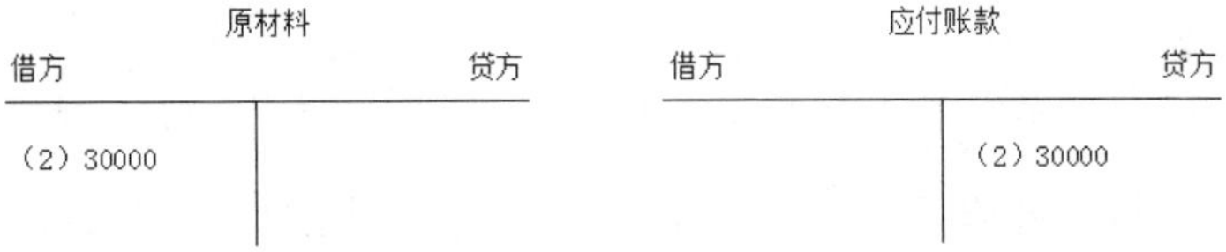

图1-9

【实账处理】——公司向千美食品公司支付所欠货款

2018年10月9日，公司以银行存款向千美食品公司支付所欠的30000元货款。

借：应付账款——千美食品公司　　　30000
　　贷：银行存款　　　　　　　　　　30000

以上经济业务涉及负债类账户“应付账款”和资产类账户“银行存款”，“应付账款”借方登记减少额，“银行存款”贷方登记减少额。具体以“T”形账户表示，如图1-10所示。

应付账款

借方	贷方
（3）30000	

银行存款

借方	贷方
	（3）30000

图1-10

【实账处理】——公司投资者吴总调出一台设备减少投资

2018年10月11日，公司其中一位投资者吴总按照法定程序将一台价值120000元的设备调出，以减少其对公司的投资。

借：实收资本　　　　　　　　120000
　　贷：固定资产　　　　　　　　120000

以上经济业务涉及所有者权益类账户“实收资本”和资产类账户“固定资产”，将设备抽回以至于公司的资产减少，以及投资者的投资额也相对减少，所以“实收资本”减少用借方登记，“固定资产”减少以贷方登记。具体以“T”形账户表示，如图1-11所示。

实收资本

借方	贷方
（4）120000	

固定资产

借方	贷方
	（4）120000

图1-11

【实账处理】——公司决定购买一台生产设备

2018年10月12日，公司为了扩大规模，决定购买一台价值30000元的生产设备，以银行存款方式支付。

借：固定资产　　　　　　　　　30000

　　贷：银行存款　　　　　　　　　30000

以上经济业务涉及的都是资产类账户，分别是“固定资产”和“银行存款”，购买设备时，“固定资产”增加登记借方，支付设备款时，“银行存款”减少登记贷方。具体以“T”形账户表示，如图1-12所示。

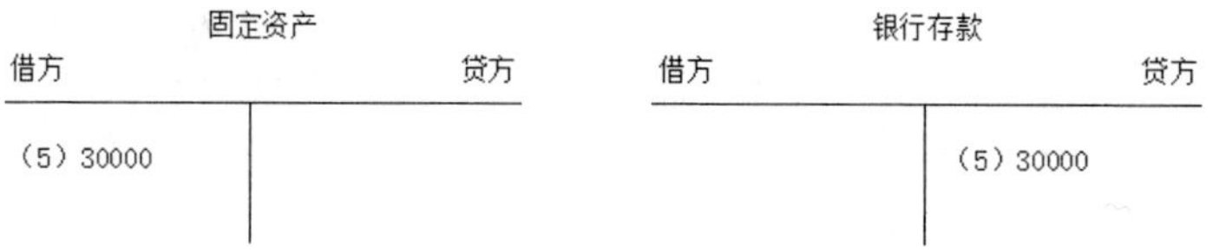

图1-12

【实账处理】——公司用现金购买办公用品

2018年10月15日，公司行政部小邓申请购买价值320元的办公用品，出纳小张以现金支付款项。

借：管理费用——办公费　　　　　　320

　　贷：库存现金　　　　　　　　　　320

以上经济业务涉及成本费用类账户“管理费用”和资产类账户“库存现金”，“管理费用”借方登记增加额，“库存现金”贷方登记减少额。具体以“T”形账户表示，如图1-13所示。

图1-13

【实账处理】——美力公司向公司购买烤鸭，货款尚未支付

2018年10月16日，公司向美力公司售卖一批价值25000元的烤鸭，由于美力公司资金紧张，暂时未向公司支付该笔货款。

借：应收账款——美力公司　　　　25000

　　贷：主营业务收入　　　　　　25000

以上经济业务涉及资产类账户“应收账款”和收益类账户“主营业务收入”，“应收账款”借方登记增加额，“主营业务收入”贷方登记增加额。具体以“T”形账户表示，如图1-14所示。

图1-14

【实账处理】——美力公司向公司支付了货款

2018年10月17日，美力公司以银行存款支付了公司在16日售卖的烤鸭货款，共计25000元。

借：银行存款　　　　25000

　　贷：应收账款——美力公司　　　　25000

以上经济业务涉及资产类账户“银行存款”和“应收账款”，“应收账款”贷方登记减少额，“银行存款”借方登记增加额。具体以“T”形账户表示，如图1-15所示。

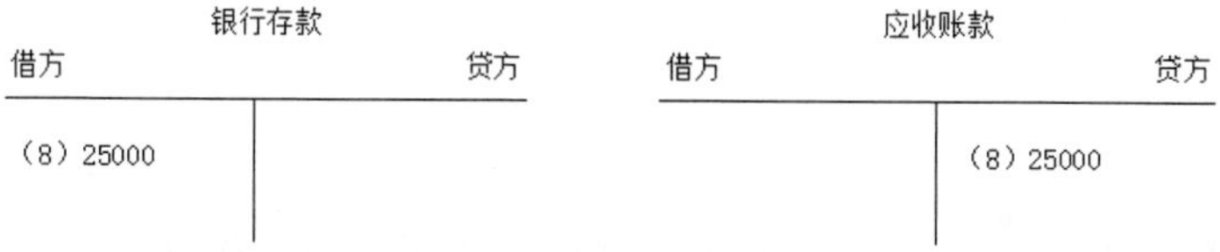

图1-15

【实账处理】——公司按法定程序转增资本

2018年10月22日，公司通过会议决定将按法定程序将资本公积50000元转增资本。

借：资本公积　　　　　　　　　　　　50000

　　贷：实收资本　　　　　　　　　　　　50000

以上经济业务涉及所有者权益类账户“资本公积”和“实收资本”，“资本公积”借方登记减少额，“实收资本”贷方登记增加额。具体以“T”形账户表示，如图1-16所示。

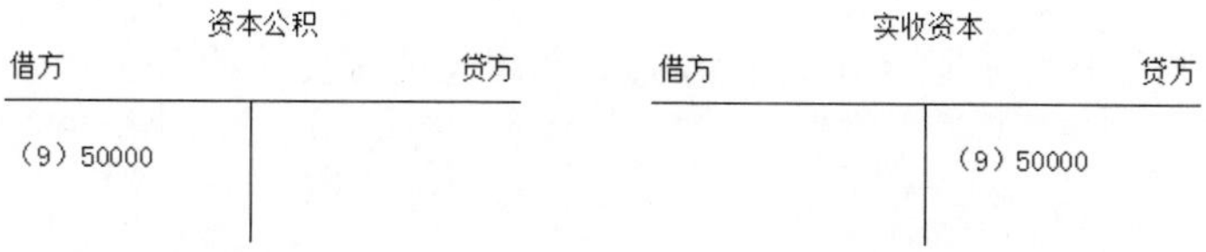

图1-16

以上贤力公司（1）~（9）的部分经济业务均遵循了借贷记账法的“有

借必有贷，借贷必相等”的记账原则。任何一笔经济业务的会计分录和涉及的“T”形账户结构都以相同的金额登记“借”“贷”的两边。

但如果一笔经济业务中涉及的“借”“贷”两边不止一个会计科目，那么是否也能遵循“借贷必相等”的原则呢？现在将第（3）笔经济业务进行改写，实账处理如下。

【实账处理】——公司向千美食品公司支付所欠货款

2018年10月9日，若公司以银行存款的方式向千美食品公司支付所欠的20000元货款，另外10000元以商业汇票的方式支付。

借：应付账款——千美食品公司　　30000

　　贷：应付票据　　10000

　　　　银行存款　　20000

由上可知，不管“借”“贷”双方涉及多少会计科目，都应在遵循“有借必有贷，借贷必相等”的原则下进行。

借贷记账法的试算平衡表

由于企业的经济业务庞杂，所涉及的会计科目众多，在工作中难免会遇到一些由于人为疏忽而导致的错误。为了检查一定时期内是否存在由于人为疏忽导致账户记录错误的情况，会计人员在会计期末应对账户进行试算平衡。

试算平衡就是根据借贷记账法的记账规则“有借必有贷，借贷必相等”和资产与权益的平衡原理，检查和验证会计分录及各个账户的记录是否正确的一种方法。借贷记账法的试算平衡有发生额试算平衡和余额试算平衡两种。

（1）发生额试算平衡

发生额试算平衡是根据当期所有账户借方发生额与贷方发生额合计恒等的关系，来验证当期发生额记录是否正确的方法。用以下公式表示：

全部账户当期借方发生额合计＝全部账户当期贷方发生额合计

以贤力公司（1）~（9）的经济业务为例，编制该会计期间的发生额试算平衡表，如图1-17所示。

发生额试算平衡表

编制单位：贤力食品有限公司　　　　单位：元

账户名称	本期发生额	
	借方	贷方
银行存款	（1）100000（8）25000	（3）30000（5）30000
库存现金		（6）320
原材料	（2）30000	
固定资产	（5）30000	（4）120000
应收账款	（7）25000	（8）25000
应付账款	（3）30000	（2）30000
主营业务收入		（7）25000
管理费用	（6）320	
实收资本	（4）120000	（1）100000（9）50000
资本公积	（9）50000	
合　计	410320	410320

图1-17

（2）余额试算平衡

余额试算平衡是根据所有账户借方余额合计与贷方余额合计的恒等关系，来验证当期记录是否正确的方法。用以下公式表示：

全部账户期末借方余额合计＝全部账户期末贷方余额合计

以贤力公司（1）～（9）的经济业务为例，编制该会计期间的余额试算平衡表，如图1-18所示。

余额试算平衡表

编制单位：贤力食品有限公司　　　　单位：元

账户名称	期初余额		本期发生额		期末余额	
	借方	贷方	借方	贷方	借方	贷方
库存现金	3000			（6）320	2680	
银行存款	50000		（1）100000（8）25000	（3）30000（5）30000	115000	
应收账款	120000		（7）25000	（8）25000	120000	
原材料	200000		（2）30000		230000	
固定资产	1000000		（5）30000	（4）120000	910000	
短期借款		150000				150000
应付账款		50000	（3）30000	（2）30000		50000
应付票据		180000				180000
主营业务收入				（7）25000		25000
管理费用			（6）320		320	
应付股利		320000				320000
实收资本		320000	（4）120000	（1）100000（9）50000		350000
资本公积		273000	（5）50000			223000
盈余公积		80000				80000
合　计	1373000	1373000	410320	410320	1378000	1378000

图1-18

试算平衡表是通过借贷金额是否平衡来检查账户记录是否正确，但是账务处理的错误是无法通过试算平衡表来检查的。

Chapter
02

会计做账之资产负债核算

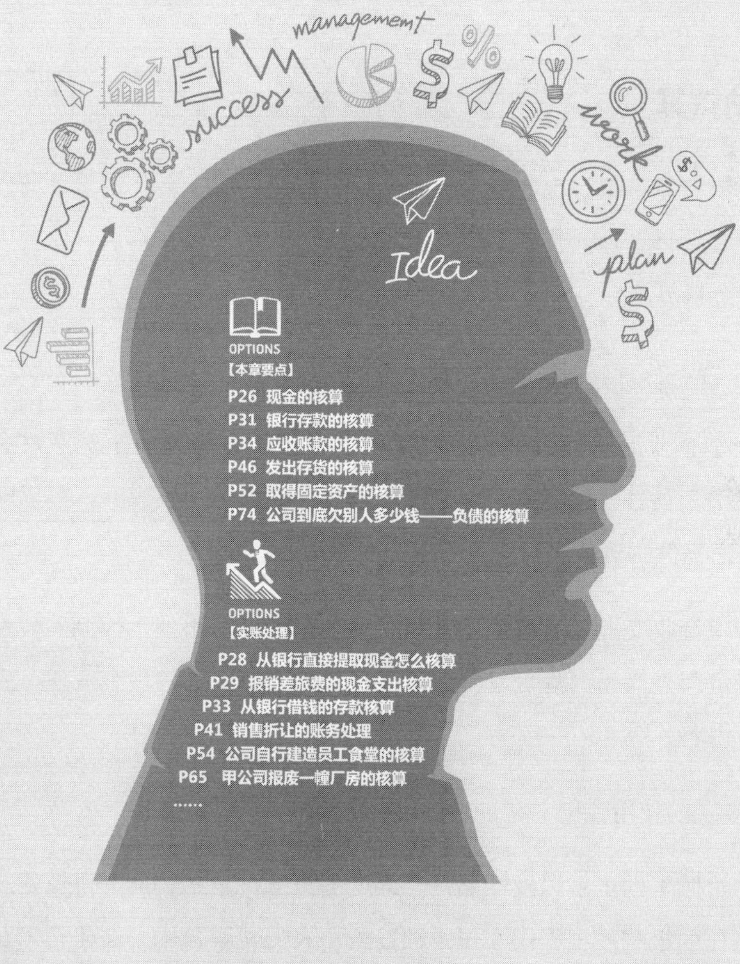

OPTIONS
【本章要点】

OPTIONS
【实账处理】

公司到底有多少钱——货币资金的核算

货币资金是指企业在生产经营过程中处于货币形态的资产，是企业中流动性最强、控制风险最高的资产，包括库存现金、银行存款和其他货币资金三大类。货币资金核算是经济核算的重要内容，主要通过相关的指标计算衡量固定资金、流动资金的利用效果，同时找出资金利用过程中的问题和解决问题的方法。

现金的核算

现金的核算包括现金收支的核算和现金清算。对于会计初学者而言，在了解现金核算之前，需要了解一下现金核算的基础必备知识，以便更好地了解现金核算。

（1）现金核算基础必备

现金是企业流动性最强的一种货币性资产，是指存放于企业财会部门、由出纳人员经管的货币，是立即可以投入流通的交换媒介，可以随时用来购买所需的物资或支付有关费用的周转资金。

由于现金收支业务具有流动性强、涉及面广以及不便于控制的特点，因此，国务院发布了《现金管理暂行条例》来规范企业的现金流通，主要包括以下内容。

① 现金的使用范围

支付给职工的工资以及津贴；个人劳务报酬，包括稿酬、讲课费及其他专门工作的报酬；根据国家规定颁发给个人的科学技术、文化艺术及体育比赛等各种奖金；各种劳保、福利费用以及国家规定的对个人的其他支出；向个人收购农副产品和其他物资的价款；出差人员必须随身携带的差旅费；结算起点（1000元）以下的零星支出；中国人民银行确定需要支付现金的其他支出。

② 现金的限额

现金的限额是指为了保证企业日常零星开支的需要，允许企业留存现金的最高数额。这一限额由开户银行根据企业的实际需要核定，一般按照企业3～5天日常零星开支所需确定。边远地区和交通不便地区的开户单位可按多于5天、但不得超过15天的日常零星开支的需要确定。库存限额一经确定，要求企业必须严格执行，不能任意超过，超过限额的现金应及时送存银行。需要增加或者减少库存现金限额的，应当向开户银行提出申请，由开户银行核定是否增加或减少库存现金限额。

③ 不准坐支现金

坐支现金是指企业用本单位的现金收入直接支付现金。而实行不准坐支的规定，是为了便于银行了解企业的现金收支情况，有利于银行对现金的管理和控制。坐支现金将企业的“收入”和“支出”两条线混淆，从企业角度来看，也是一种不便于企业进行账务处理的行为。

（2）发生现金收支的核算

在企业现金核算中，有现金收入和现金支出两种核算情况。此核算是通过“库存现金”账户来进行的，该账户属于资产类账户，借方登记现金增加数额，贷方登记现金减少数额，余额一定在借方，表示期末时企业实际持有库存现金的金额。

① 发生现金收入的核算

企业发生现金收入业务一般是指从银行提取现金和销售产品取得现金收入两种。具体的账务处理如下。

【实账处理】——从银行直接提取现金怎么核算

贤力公司的出纳小张开出现金支票2000元从银行提取现金以备日常开支。根据现金支票存根，应编制以下会计分录。

借：库存现金　　　　　　　　　　　2000

　　贷：银行存款　　　　　　　　　　　2000

同时，贤力公司的会计罗贝丽根据该分录还填制了相应的会计凭证，如图2-1所示。

凭证字 记　1　号　日期 2018-10-01　**记账凭证**　2018年第10期　附单据 1 张

摘要	会计科目	借方金额											贷方金额										
		亿	千	百	十	万	千	百	十	元	角	分	亿	千	百	十	万	千	百	十	元	角	分
提取备用金	1001 库存现金						2	0	0	0	0	0											
提取备用金	1002 银行存款																	2	0	0	0	0	0
合计：贰仟元整							2	0	0	0	0	0						2	0	0	0	0	0

制单人：罗贝丽

图2-1

【实账处理】——出售废旧材料的现金收入核算

由于一批食品包装袋不符合公司的包装要求，后勤部小赵报公司批准，于2018年10月8日将该批包装袋进行出售，取得现金收入320元。

罗贝丽根据出纳小张开具的收据应编制以下会计分录。

借：库存现金　　　　　　　　　　　320

　　贷：其他业务收入　　　　　　　　　320

同时，假设该批包装袋价值280元，会计还应根据库房开具的“出库单”编制该批包装袋结转成本的会计分录。

借：其他业务成本　　　　　　　　　280

　　贷：周转材料——包装袋　　　　　　280

由于本案例是讲解现金收入的账务处理，所以该分录不在实账处理中进行分析。

② 发生现金支出的核算

企业在日常经营中涉及现金支出的业务很广泛，如购买日常的办公用品、支付员工的日常报销以及支付金额较小的货款等。其核算也都会涉及“库存现金”科目，现金支出应贷记“库存现金”，借记涉及的其他相应科目。现将员工报销差旅费作为案例进行账务处理。

【实账处理】——报销差旅费的现金支出核算

2018年10月9日，贤力公司的业务员李文因出差向公司借支3000元作为差旅备用金，李文于2018年10月11日将差旅途中产生费用的发票带回公司进行差旅费报销，差旅费花销2903元，然后将未花销的97元现金退还给公司财务部。

李文应填制借款单，经财务领导签字后到出纳处领款，会计应根据该借款单做如下会计处理。

借：其他应收款——李文　　3000

　　贷：库存现金　　3000

李文出差后将出差途中产生费用的发票和剩余现金带回公司，会计应根据发票和归还的现金做如下会计处理。

借：管理费用——差旅费　　2903

　　库存现金　　97

　　贷：其他应收款——李文　　3000

（3）现金清查

现金清查是为了确保现金的安全，企业除实行钱账分管制度外，出纳还应在每日和每月终了时根据日记账的合计数，结出库存现金余额，并与库存现金实有数核对，必须做到账实相符。主管会计应随机抽查、盘点出纳保管的库存现金，加强监督。

企业应当按规定对库存现金进行定期和不定期的清查，一般采用实地盘点法，且对于清查的结果应当编制现金盘点报告单。如果有挪用现金或白条顶库的情况，则应及时予以纠正；对于超限额留存的现金应及时送存银行。如果账款不符，发现有待查明原因的现金短缺或溢余，则应先通过“待处理财产损益”科目进行核算，按管理权限行事，经批准后，分别按以下情况处理。

- ◆若为现金短缺，属于应由相关责任人赔偿或保险公司赔偿的部分，计入其他应收款；属于无法查明原因的，计入管理费用。
- ◆若为现金溢余，属于应支付给相关人员或单位的，计入其他应付款；属于无法查明原因的，计入营业外收入。

提示：现金清查与现金对账有什么区别

以上内容讲解的现金清查是指在实际工作中发生的现金短缺和溢余，与会计做账是没有联系的；而出纳与会计的现金对账是出纳的“库存现金日记账”与会计的库存现金的账簿余额进行对账，从而检查是否有漏记账、记错账的情况。

【实账处理】——现金清查发现的现金短缺和溢余的核算

2018年10月15日，贤力公司的出纳小张提出辞职报告，得到批准，公司为了资金安全，特成立清查小组对公司的现金进行清查，发现短款120元。罗贝丽根据“现金清查盘点报告单”编制了以下会计分录。

借：待处理财产损益——待处理流动资产损益　120

　　贷：库存现金　120

后经核查，是由于出纳小张的失职导致现金短缺，根据公司规定，这笔短款应由小张负责赔偿，会计应编制如下会计分录。

借：其他应收款——小张　120

　　贷：待处理财产损益——待处理流动资产损益　120

若公司无法查明原因，则应当编制如下会计分录。

借：管理费用　120

　　贷：待处理财产损益——待处理流动资产损益　120

某公司财务科在现金清查中发现长款240元，该公司会计根据“现金清查盘点报告单”应编制如下会计分录。

借：库存现金　240

　　贷：待处理财产损益——待处理流动资产损益　240

假如经核查，原因不明，经财务主管批准作为营业外收入，应编制如下会计分录。

借：待处理财产损益——待处理流动资产损益　240

　　贷：营业外收入　240

银行存款的核算

银行存款是指企业存入银行或其他金融机构的货币资金。企业应当根据业务需要和相关规定，在其所在地银行开设账户，运用所开设的账户进行存款、取款以及各种收支转账业务的结算。银行存款的收付应严格执行银行结算制度的规定。

企业应按照开户银行和其他金融机构的存款种类及币种等，设置“银行存款日记账”，由出纳人员根据收付款凭证，按照业务的发生顺序逐笔登记。每日终了时应结出余额。“银行存款日记账”应定期与银行对账单核对，至少每月核对一次。月末，企业银行存款账面余额与银行对账单余额之间若有差额，则应按月编制“银行存款余额调节表”，直到调节相符为止。

银行存款账户分为基本存款账户、一般存款账户、临时存款账户和专用存款账户。具体内容如图2-2所示。

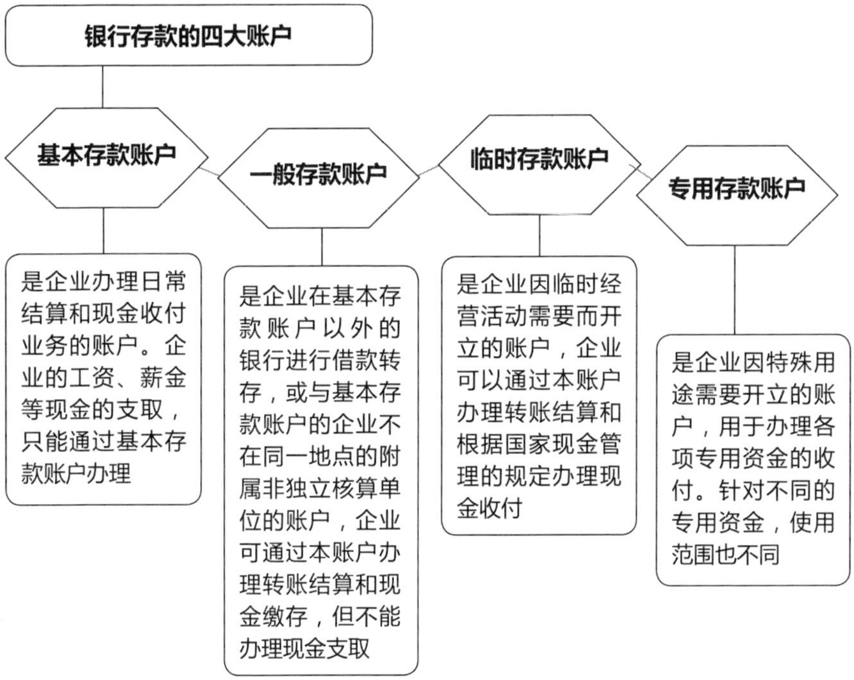

图2-2

一家企业只能选择一家银行机构开立一个基本存款账户；不得在同一家银行的几个分支机构开立一般存款账户。

（1）银行存款收入的核算

银行存款收入来源很多，可以是销售收入所得或收回客户的欠款，也可以是从银行借得的款项，甚至有些企业拥有的国家扶持拨款等。下面以银行借款和销售产品取得银行存款为例进行账务处理。

【实账处理】——从银行借钱的存款核算

由于贤力公司资金周转出现困难，于2018年10月15日向中国银行借入半年期限的借款100000元，应编制如下会计分录。

借：银行存款　　　　　　　　100000

　　贷：短期借款　　　　　　　　100000

【实账处理】——销售产品获得转账支票的存款核算

贤力公司于2018年10月16日销售一批烤鸭给美力公司，产品价值15000元，销项增值税额为2400元（产品成本为10000元）。在烤鸭交付当天，收到美力公司一张价值17550元的转账支票并存入银行，应根据银行的支票存根编制如下会计分录。

借：银行存款　　　　　　　　　　　　　　17400

　　贷：主营业务收入　　　　　　　　　　15000

　　　　应交税费——应交增值税（销项税额）2400

同时结转产品成本。

借：主营业务成本　　　　　　　　10000

　　贷：库存商品　　　　　　　　　　10000

（2）银行存款支出的核算

随着社会的发展，企业的银行存款支出的情形也随之增加，如购买某项设备、购买原材料、偿还所欠供应商的货款及偿还银行借款等。下面举例讲解银行存款支出的会计核算过程。

【实账处理】——支票支付欠款的银行存款支出核算

贤力公司于2018年10月16日支付2017年10月15日向银行借的一年期借款30000元（不考虑银行利息），用银行转账支票的形式支付，应编制如下会计分录。

借：短期借款　　　　30000

　　贷：银行存款　　　　30000

【实账处理】——用支票购买设备的银行存款支出核算

由于生产线规模的扩大，贤力公司决定购买一台新设备，以银行支票支付价款11600元，应编制如下会计分录。

借：固定资产　　　　11600

　　贷：银行存款　　　　11600

应收账款的核算

应收账款是指企业由于销售商品、材料或提供劳务等业务，应向购货单位或接受劳务单位收取的款项。它是企业应收款项的主要组成部分。图2-3所示为应收款项的组成部分。

应收款项的组成

- 企业因销售商品、材料物资、提供劳务等，应收取的货款、税费、代垫运费和劳务费收入等
- 企业由于采用异地托收承付和委托收款结算方式而委托银行收取的款项
- 企业因出口商品，应收境外外币结算的货款、佣金及索赔款等外汇账款

图2-3

为了反映和监督应收账款的增减变动及其结存情况，企业应设置“应收账款”账户，该账户的借方登记应收账款的增加，贷方登记应收账款的收回及确认的坏账损失。不单独设置“预收账款”账户的企业，预收的账款也在“应收账款”的贷方登记。“应收账款”账户的期末余额一般在借方，反映企业尚未收回的应收账款；如果期末余额在贷方，则反映企业已经发生的预收账款。

【实账处理】——销售商品产生的应收账款核算

贤力公司于2018年10月20日销售一批窖肉给星星公司，合同确定交货后采用汇兑结算方式支付货款，产品价值10000元，增值税为1600元。

发出商品时。

借：应收账款——星星公司　　11600

　　贷：主营业务收入　　10000

　　　　应交税费——应交增值税（销项税额）1600

接到银行收账通知时。

借：银行存款　　11600

　　贷：应收账款——星星公司　　11600

【实账处理】——委托收款结算的应收账款核算

贤力公司于2018年10月20日又销售一批海鲜给众泰公司，采用委托收款方式结算，该批海鲜价值3200元（不考虑增值税）。

发出商品，在银行办妥收款手续时。

借：应收账款——众泰公司　　3200

　　贷：主营业务收入　　3200

接到银行收款通知时。

借：银行存款　　　　　　　　3200

　　贷：应收账款——众泰公司　　　3200

预付账款的核算

预付账款是指企业按照购货合同的规定，预先以货币资金或货币等价物支付给供应单位的款项，一般是指预先付给供应商客户的款项。我国对预付货款的范围和限额具有严格的规定。

企业应设置“预付账款”账户对预付货款进行会计核算。企业向供应商预付货款时，应借记“预付账款”科目，以后收到这笔款项的材料或商品时，则在“预付账款”的贷方冲回。

【实账处理】——购买原材料的预付账款核算

贤力公司向供应商甲企业购买一批活鸭进行加工制作烤鸭，但因当时甲企业没有足够的货源，所以贤力公司预付100000元作为预付款给甲企业，以银行存款的形式支付。罗贝丽应编制如下会计分录。

借：预付账款——甲企业　　　　100000

　　贷：银行存款　　　　　　　　100000

贤力公司收到活鸭及专用发票时，货款价为120000元，增值税为19200元，这时贤力公司应补付39200元给甲企业。罗贝丽应编制如下会计分录。

借：材料采购　　　　　　　　　120000

　　应交税费——应交增值税（进项税额）　19200

　　贷：预付账款——甲企业　　　　　100000

银行存款　　　　　　　　　　39200

若贤力公司收到原材料及专用发票，全部货款价值为80000元，增值税为12800元，应退回7200元，则编制如下会计分录。

借：材料采购　　　　　　　　　　　　80000

　　应交税费——应交增值税（进项税额）　12800

　　贷：预付账款——甲企业　　　　　　　　92800

退回多付的货款，则编制如下会计分录。

借：银行存款　　　　　　　　　　7200

　　贷：预付账款——甲企业　　　　　　7200

公司有多少“料”——存货的核算

存货是指企业在日常活动中持有以备出售的产品或商品、处在生产过程中的在产品以及提供劳务过程中耗用的材料或物料等。

存货的盘存

存货的盘存是企业财务对库房最有效的一种监管手段，可以实时监控库房的存货数量，也是企业结转成本的重要数据来源。存货盘存制度有永续盘存制和实地盘存制两种。

（1）永续盘存制

它又称“账面盘存制”，是指企业设置各种数量和金额的存货明细账，根据有关凭证，逐日逐笔登记材料、产品和商品等的收发领退的数量和金额，随时结出账面结存数量和金额。采用永续盘存制，会计人员可随时掌握各种存货的收发、结存情况，有利于存货管理。存货账面结存数量的计算公式如下：

期末账面结存数量=期初账面结存数量+本期增加数量-本期减少数量

为了核对存货账面记录，永续盘存制同时要求进行存货的实物盘点。会计年度终了，企业应进行一次全面的盘点清查，并编制盘点表，保证账实相符。如有不符，则应查明原因并及时处理。

【实账处理】——使用永续盘存制对材料进行登记

某公司B材料的期初结存数及购进领用的情况如下：

4月2日，上期结存3000kg，单价10元；

4月5日，领用1000kg；

4月12日，购进1200kg，单价10元；

4月18日，领用1800kg，单价10元；

4月23日，购进800kg，单价10元。

根据上述情况，采用永续盘存制记账，如图2-4所示。

材料购领明细账											
材料名称：B材料					金额单位：元					数量单位：kg	
日期	凭证	摘要	收入			发出			结存		
			数量	单价	金额	数量	单价	金额	数量	单价	金额
4月2日		上期结存							3000	10	30000
4月5日		领用				1000	10	10000	2000	10	20000
4月12日		购进	1200	10	12000				3200	10	32000
4月18日		领用				1800	10	18000	1400	10	14000
4月23日		购进	800	10	8000				2200	10	22000
4月30日		合计	2000		20000	2800		28000	2200	10	22000

图2-4

通过上例可以看出，采用永续盘存制的工作量很大，但是能随时监控存货的账面情况。从加强存货的管理和提供管理所需会计信息的角度出发，使用永续盘存制是比较合理的。

（2）实地盘存制

它又称“定期盘存制”，是指企业平时只在账簿中登记存货的增加数，不登记减少数，期末根据清点所得的实存数，计算本期存货的减少数。

若使用该方法，则平时的核算工作较简便，但不能随时反映各种物资的收发、结存情况，不能随时结转成本，还会把物资的自然耗损和人为短缺数隐含在发出数量之内；同时，由于缺乏经常性资料，不便于对存货进行计划和控制，所以该方法的实用性较差，通常仅适用于一些单位价值较低、自然损耗大、数量不稳定且进出频繁的特定货物。核算时涉及如下公式：

本期使用存货=期初库存+本期购进-期末库存（实际盘点）

现以实地盘存制为例，对材料的结存、购进及领用做账务处理。

【实账处理】——使用实地盘存制对材料进行登记

同样以某公司的B材料为例，材料的期初、购进及领用情况一致，期末盘点该材料的结存数量为200kg。根据实地盘存制记账，如图2-5所示。

材料购领明细账

材料名称：B材料					金额单位：元					数量单位：kg	
日期	凭证	摘要	收入			发出			结存		
			数量	单价	金额	数量	单价	金额	数量	单价	金额
4月2日		上期结存							3000	10	30000
4月12日		购进	1200	10	12000				4200	10	42000
4月23日		购进	800	10	8000				5000	10	50000
4月30日		盘点							2000	10	20000
4月30日		发出成本				3000	10	30000			
4月30日		合计	2000		20000	3000		30000	2000	10	22000

图2-5

通过以上两种账务处理可以看出，永续盘存制和实地盘存制各有优缺点。永续盘存制清晰地反映了存货在整个会计期间的账面价值，适合价格不稳定且对存货成本涉及金额较大的企业。

实地盘存制的优点是核算工作比较简单，工作量较小。其缺点是不能通过账簿随时反映和监督各项财产物资的收发、结存情况，仓库管理中尚有多发少发、物资毁损等情况在账面上均无反映，而全部隐藏在本期的发出数内，这样不利于对存货进行检查监督。因此，实地盘存制只适用于数量大、价值低而收发频繁的存货。

存货购货价格的确定

在实际经营中，存货的入账价格可能与前期询价时的价格有所出入，这是因为存在发生了商业折扣、销售折让和现金折扣等情况的存货。

（1）商业折扣下的存货入账

商业折扣是指根据批发、零售等不同销售对象，对商品价目单中所列的商品价格给予一定的折扣优惠，或者因为长期性的合作达成的比其他商家更多的折扣。商业折扣通常用百分数来表示，如5%、10%及15%等。扣减商业折扣后的价格才是商品的实际销售价格。

商业折扣通常作为促销的手段，目的是扩大销路、增加销量。一般情况下，商业折扣都直接从商品价目单的价格中扣减，购买单位应付的货款和销售单位应收的货款都根据直接扣减商业折扣后的价格来计算。

【实账处理】——商业折扣的账务处理

贤力公司准备生产一批饼干，向长期合作的华康面粉工厂购进一批价值30000元的面粉，华康面粉厂随即给出了贤力公司20%

的折扣，双方应以30000×(1-20%)=24000（元）记账（不考虑增值税），具体会计分录如下。

借：材料采购　　　　　　　　24000

　　贷：应付账款——华康面粉厂　　　　24000

3日后，面粉验收入库，贤力公司以银行存款的方式向华康面粉厂支付了24000元，当日收到面粉厂开具的发票。

借：应付账款——华康面粉厂　　24000

　　贷：银行存款　　　　　　　　24000

借：原材料　　　　　　　　　24000

　　贷：材料采购　　　　　　　　24000

（2）销售折让下的存货入账

销售折让是指企业的商品发运后，由于商品的品种、质量等不符合合同规定的要求，或商品因其他原因应该退而未退时，对购买方在价格上给予的额外折让。

销售折让会使企业销售收入相应减少，所以应对销售收入进行调整，冲减给予购买者销售折让当月的销售收入。

【实账处理】——销售折让的账务处理

甲公司销售一批商品给乙公司，增值税发票注明售价为40000元，增值税为6400元，该批产品的成本为35000元。货到后，乙公司发现商品质量与合同说明不一致，要求甲公司给予价款5%的折让，甲公司同意。为此甲公司所做的会计分录如下。

销售实现时。

借：应收账款——乙公司　　　　46400

贷：主营业务收入　　　　　　　　40000

应交税费——应交增值税（销项税额）6400

借：主营业务成本　　　　　　　　35000

贷：库存商品　　　　　　　　35000

发生销售折让时，折让金额=40000×5%=2000（元）。

借：主营业务收入　　　　　　　　2000

应交税费——应交增值税（销项税额）　320

贷：应收账款——乙公司　　　　　　2320

实际收款时，实收金额=46400-2320=44080（元）。

借：银行存款　　　　　　　　44080

贷：应收账款——乙公司　　　　　　44080

（3）现金折扣下的存货入账

现金折扣是指企业为了鼓励客户在一定期限内早日偿还货款而给予客户的折扣优惠。现金折扣对于销售企业来说，称为销货折扣；对于购货企业来说，称为购货折扣。

【实账处理】——现金折扣的账务处理

贤力公司向鲜仙公司销售一批牦牛肉，该批牦牛肉的价格为20000元，增值税为3200元。贤力公司规定的现金折扣是2/10,1/20,*n*/30，产品已发出，并办妥托收手续。

现金折扣是2/10,1/20,*n*/30的意思如下：2/10表示如果客户在10天内偿付货款，则给予2%的折扣；1/20表示如果客户在20天内偿付货款，则给予1%的折扣；*n*/30表示如果客户在30天内付款，则无折扣。罗贝丽对以上业务应编制如下会计分录。

销售成立时。

借：应收账款——鲜仙公司　　　　　　23200

　　贷：主营业务收入　　　　　　　　　20000

　　　　应交税费——应交增值税（销项税额）3200

如果鲜仙公司在10天内付款，则现金折扣金额=20000×2%=400（元）。

借：银行存款　　　　　　　　　　22800

　　财务费用　　　　　　　　　　　400

　　贷：应收账款——鲜仙公司　　　23200

如果鲜仙公司在20天内付款，则现金折扣金额=20000×1%=200（元）。

借：银行存款　　　　　　　　　　23000

　　财务费用　　　　　　　　　　　200

　　贷：应收账款——鲜仙公司　　　23200

如果鲜仙公司在30天内付款，则不享受任何现金折扣。

借：银行存款　　　　　　　　　　23200

　　贷：应收账款——鲜仙公司　　　23200

存货收入的核算

企业所处的行业不同，其存货的内容和分类也有所不同。存货一般要依据企业的性质、经营范围，并结合存货的用途进行分类，可分为外购存货、自制存货、委托加工完成的存货、投资者投入的存货、接受捐赠的存货以及盘盈的存货等。

（1）外购存货的核算

外购存货的入账价值主要包括购买价款、运杂费、相关税费、运输途中的合理损耗及入库前的挑选整理费用等。

除存货的买价外，其他的费用为购入存货的附加成本，附加成本是否计入存货成本以及哪些附加成本项目计入存货成本，应视企业的具体情况和附加成本的重要程度而定。在商品流通企业，各会计期间的采购和储存费用都比较高，一般以期间费用形式单独列项计入当期损益，而不计入存货成本；但在其他行业，如制造加工企业，采购费用往往计入存货成本，而储存费用不便分摊，则以期间费用的形式反映。

【实账处理】——购买一批火锅底料怎么入账

贤力公司向多省多公司购买一批火锅底料，该批火锅底料价值30000元，在运输过程中产生费用520元。贤力公司使用银行存款的方式支付该笔货款。应编制如下会计分录。

借：材料采购　　30000

　应交税费——应交增值税（进项税额）4800

　销售费用　　520

　贷：银行存款　　34280

贤力公司收到货后，根据库房开出的收货单编制会计分录。

借：库存商品　　30000

　贷：材料采购　　30000

（2）自制存货的核算

自制存货是指由企业内部加工制造的各种存货，如材料、半成品和产成品等，它的成本包括自制过程中消耗的直接材料费、直接人工工资、制造费用及其他直接费用。

自制存货的成本主要包括材料的采购成本、加工成本以及使存货达到目前状态所发生的其他成本，这一规定在新旧会计准则中是相同的。但是新会计准则强调了两点：第一，自制存货发生的非正常的直接材料费、直接人工费和制造费用不计入存货成本，应当在发生时直接计入当期损益；第二，自制存货，如生产大型机器设备、船舶及飞机等生产周期较长且用于出售的资产，借入款项发生的利息可以资本化，计入存货成本。这就意味着，不仅使用专门借款购建的固定资产的借款费用可以资本化，企业制造的用于对外出售的大型机械设备等所借入的款项所发生的利息资本化允许计入存货成本。这必然导致这些行业产品成本上升，从而增加报告期存货资产和利润，对企业的核算具有重大影响。

（3）委托加工完成的存货的核算

委托加工完成的存货是指由企业提供原料及主要材料，通过支付加工费用，由委托加工单位按合同要求为企业加工出来的产品。

在委托加工存货的业务中，企业将原材料、主要材料或其他需要加工为生产所需的物资发出时，该物资的所有权不会因为空间的转移而改变，仍然属于原企业。企业委托其他单位加工原材料，需要按照相关合同规定的结算方式和办法，支付加工费用；企业将材料拨付加工以及收回加工完成的原材料时，还需要支付往返的运费等。拨付加工材料的实际成本、支付的加工费用以及运输材料的运费等共同构成加工原材料的实际成本。待加工材料收回后，按一定方法计算加工完成的原材料的实际成本。

【实账处理】——委托香贝食品加工厂加工腊肉的账务处理

贤力公司委托香贝食品加工厂加工一批腊肉，制作腊肉需要的精瘦肉等材料由贤力公司提供，该批制作腊肉的精瘦肉价值5000元。将精瘦肉运往加工厂发生运费300元，由出纳以现金方式支付，以银行存款方式支付加工费2000元。相关会计分录如下。

借：委托加工物资——香贝食品加工厂　　5000

　　贷：原材料——精瘦肉　　5000

以现金方式支付运费。

借：委托加工物资——香贝食品加工厂　　　　300
　　贷：库存现金　　　　　　　　　　　　　　300

以银行存款方式支付加工费。

借：委托加工物资——香贝食品加工厂　　　　2000
　　贷：银行存款　　　　　　　　　　　　　　2000

发出存货的核算

发出的存货可以采用实际成本核算，也可以采用计划成本核算。企业可以根据自身的性质和要求决定采用哪种方式进行核算，对于性质和用途相同的存货，应当采用相同的核算方式进行计算。在实际成本核算方式下，企业可以采用的发出存货成本的计价方法有个别计价法、先进先出法、月末一次加权平均法和移动加权平均法。

（1）个别计价法

个别计价法是以每次收入存货的实际成本作为计算该次发出存货成本的依据。若要实现此种计价方法，则需要对每批次购进存货进行相应的记录，以便在发出该批次存货时能准确计算其成本。该计价方法的优点与缺点如下。

- **优点**：能准确计算并结转发出存货的成本，使其每次结转的成本真实合理，也能每次得出该批存货的盈亏情况，并且期末存货的成本比较合理、准确。
- **缺点**：在实际操作中工作量繁重、困难较大，适用于容易识别、存货品种数量不多、单位成本较高的存货计价，例如珠宝和名画等贵重物品。

【实账处理】——按照个别计价法对贤力公司2018年10月购销龙利鱼进行核算

贤力公司的龙利鱼2018年10月期初结余150kg，单价为10元，金额为1500元。10月5日、16日和20日分别购入龙利鱼100kg、200kg和120kg，单价分别为12元、14元和13元。10月11日、17日和22日分别发出龙利鱼200kg、50kg和100kg。假设2018年10月发出的龙利鱼经具体辨认后，认定10月11日发出的200kg分别为期初结余的150kg和10月5日购入的50kg，10月17日发出的50kg为10月5日购进剩余的50kg，10月22日发出的为10月20日购入的100kg。贤力公司的龙利鱼购入、发出与结余情况如图2-6所示。

龙利鱼购销明细账

数量单位：kg　　　　金额单位：元

日期		摘要	购入			发出			结余		
月	日		数量	单价	金额	数量	单价	金额	数量	单价	金额
10	1	期初余额							150	10	1500
	5	购入	100	12	1200				150 100	10 12	1500 1200
	11	销售				150 50	10 12	1500 600	50	12	600
	16	购入	200	14	2800				50 200	12 14	600 2800
	17	销售				50	12	600	200	14	2800
	20	购入	120	13	1560				200 120	14 13	2800 1560
	22	销售				100	13	1300	200 20	14 13	2800 260
	31	合计	420		5560	350		4000	200 20	14 13	2800 260

图2-6

（2）先进先出法

先进先出法是把存货按照“先购入先发出”的原理进行结算。采用这种方法，在购入存货时，也应逐笔登记存货的数量、单价和金额；发出存货时，按照先进先出的原则逐笔登记存货发出的成本和结余金额。与个别计价法类似，但是个别计价法可以将后购入的存货先发出，而先进先出法只能按照购进时间的先后顺序进行发出结算。

先进先出法可以随时结转存货发出成本，但工作量较大且比较烦琐，特别是在单价不稳定的情况下，若要逐笔登记，几乎是无法实现的。

【实账处理】——按照先进先出法对贤力公司2018年10月购销龙利鱼进行核算

贤力公司的龙利鱼2018年10月期初结余150kg，单价为10元，金额为1500元。10月5日、16日和20日分别购入龙利鱼100kg、200kg和120kg，单价分别为12元、14元和13元。10月11日、17日和22日分别发出龙利鱼200kg、50kg和100kg。按照先进先出法对贤力公司发出的龙利鱼进行成本结转，如图2-7所示。

龙利鱼购销明细账

数量单位：kg　　金额单位：元

日期		摘要	购入			发出			结余		
月	日		数量	单价	金额	数量	单价	金额	数量	单价	金额
10	1	期初余额							150	10	1500
	5	购入	100	12	1200				150 100	10 12	1500 1200
	11	销售				150 50	10 12	1500 600	50	12	600
	16	购入	200	14	2800				50 200	12 14	600 2800
	17	销售				50	12	600	200	14	2800
	20	购入	120	13	1560				200 120	14 13	2800 1560
	22	销售				100	14	1400	100 120	14 13	1400 1560
	31	合计	420		5560	350		4100	100 120	14 13	1400 1560

图2-7

（3）月末一次加权平均法

月末一次加权平均法是指以本月初的结余数量加上本月购入的数量之和作为权数，除以上月结存成本加本月购进成本之和，计算出存货的加权平均单位成本，计算公式如下：

存货全月一次加权平均单价=(本月期初结存存货实际成本+本月购入存货的实际成本)÷(本月期初结存存货数量+本月购入存货的数量)

本月发出存货成本=本月发出存货数量×存货全月一次加权平均单价

本月结存存货成本=月末结存存货数量×存货全月一次加权平均单价

若贤力公司10月购入、发出和结存存货按照月末一次加权平均法来结算，则贤力公司10月份龙利鱼的全月一次加权平均单价=(1500+5560)÷(150+420)=12.4（元）。

本月发出龙利鱼的成本=350×12.4=4340（元）。

本月结存龙利鱼的成本=220×12.4=2728（元）。

（4）移动加权平均法

移动加权平均法是指每次进货的成本加上原有库存存货的成本的合计，除以每次进货数量加上原有库存存货的数量的合计数，计算加权平均单位成本，计算公式如下：

存货移动加权平均单价=(原有库存的实际成本+本次购入存货的实际成本)÷(原有库存数量+本次购进数量)

本次发出存货的成本=本次发出存货数量×本次发货前加权平均单位成本

月末库存存货成本=月末库存存货数量×月末加权平均单位成本

若贤力公司10月购入、发出和结存存货按照移动加权平均法来结算，则贤力公司10月5日购入龙利鱼后的平均单位成本=(150×10+100×12)÷(150+100)=10.8（元）。

10月16日购入龙利鱼后的平均单位成本=(50×10.8+200×14)÷(50+200)=13.36（元）。

10月20日购入龙利鱼后的平均单位成本=(200×13.36+120×13)÷(200+120)=13.225（元）。

存货的清查

存货是企业一项重要的资产，是支持企业维持经营的重要媒介，所以对存货的清查是非常重要的工作。由于存货种类繁多且收发频繁，在日常收发过程中容易产生计量错误、保管不当、自然或人为的损耗以及偷窃等，造成账实不符，形成存货短缺或盈余等。为了加强企业对存货的管理，会计人员应填写存货盘存表，并及时查明原因，按照规定处理存货的短缺或盈余。

（1）存货的盘盈核算

企业发生存货盘盈时，借记“原材料”、“库存商品”等科目，贷记“待处理财产损益”科目；待报经相关部门核定后，借记“待处理财产损益”科目，贷记“管理费用”科目。

【实账处理】——贤力公司盘盈一批鸡蛋的账务处理

贤力公司在10月份盘点库存的时候，盘盈一批鸡蛋100kg，实际单位成本为1元。后经查明，发现是盘点时将计量单位搞错。贤力公司应做如下账务处理。

借：库存商品　　　　　　　　100

　　贷：待处理财产损益　　　　　　100

报经相关部门查明后的会计分录如下。

借：待处理财产损益　　100
　　贷：管理费用　　100

（2）存货的盘亏及损毁的核算

企业发生存货盘亏或损毁时，借记“待处理财产损益”科目，贷记“原材料”或“库存商品”等相关科目。在报经相关部门核定后，应根据不同的情况做不同的账务处理：对于可以入库的残料价值，可以找到相关责任人的，应借记“原材料”“库存商品”或“其他应收款”等科目，贷记“待处理财产损益”科目；剩余净损失属于非正常损失部分的，应借记“营业外支出”科目，贷记“待处理财产损益”科目。

值得注意的是，属于非正常原因盘亏和损毁的存货，其增值税不属于可以抵扣的情形，所以还应将购进时支付的增值税从进项税额中转出，即借记“待处理财产损益”科目，贷记“应交税费——应交增值税（进项税额转出）”科目；对于属于一般经营部分的盘亏，应借记“管理费用”科目，贷记“待处理财产损益”科目。

【实账处理】——贤力公司盘亏一批蛤蜊的账务处理

贤力公司在10月份盘点库存的时候，发现蛤蜊出现了300kg的短缺情况，该批蛤蜊的实际单位成本为58元。经查属于后勤运输人员小赵的过失造成的运输过程中丢失，按相关规定由小赵承担赔偿5000元。后找回部分但已经死亡，但仍可按照已死亡的蛤蜊价值办理入库，该批已经死亡的蛤蜊入库价值为6000元。贤力公司应做如下账务处理。

报经相关部门核查前：

借：待处理财产损益　　20184
　　贷：原材料　　17400

应交税费——应交增值税（进项税额转出） 2784

报经相关部门核查后。

①由小赵赔偿部分。

借：其他应收款——小赵 5000

贷：待处理财产损益 5000

②已经死亡的蛤蜊价值办理入库。

借：原材料 6000

贷：待处理财产损益 6000

③毁损净损失=20184-6000-5000=9184（元）

借：管理费用 9184

贷：待处理财产损益 9184

公司的家底——固定资产的核算

房屋以及日常使用的家具等对于家庭而言是家庭存在的家底，同理，办公场所以及在场所内的一切支持公司良性运转的资产对于公司而言也好比公司的家底。

取得固定资产的核算

固定资产是企业为生产商品、提供劳务、出租或经营管理而持有的，并且使用寿命超过一个会计年度的有形资产。简而言之，就是价值较高且企业可用来进行生产经营的有形资产；若价值不高的，则在会计处理上被称为低值易耗品或周转材料等。而取得固定资产的方式有投资者的投入、通过外购手段购买固定资产以及自行建造等。

（1）投资者投入的固定资产的核算

在日常经营中，投资者往往并未采用直接投资资金的方式对企业进行投资，而是通过技术投入或设备投入等方式进行投资。其中，设备投资是固定资产投入的重要部分。

【实账处理】——魏某向贤力公司投入一辆货车的核算

2018年10月25日，魏某以贤力公司的名义购买一辆货车，价值250000元，经贤力公司原始股东以及魏某的同意，按照货车的净值确认投资额。贤力公司会计应做如下会计处理。

借：固定资产　　　　250000

　　贷：实收资本　　　　250000

（2）外购固定资产的核算

企业外购的不需要安装的固定资产，应按其实际支付的购买价格、相关税费及使其能达到使用状态所产生的运输费、装卸费和安装费等计算成本。会计处理则为借记“固定资产”科目，贷记“银行存款”等科目。

若企业购买的是需要安装的固定资产，除以上应计入其成本的价款外，还应加上其安装调试的成本，会计处理则需先通过“在建工程”科目核算，待安装完毕达到预定可使用状态时，再由“在建工程”科目转入“固定资产”科目。

【实账处理】——公司购买一台海鲜加工机器的核算

贤力公司用银行存款购入一台需要安装的海鲜加工机器，增值税专用发票上注明的价格为300000元，增值税税额为48000元，支付安装费30000元，贤力公司会计小罗应编制如下会计分录。

购入机器进行安装时：

借：在建工程　　300000

　　应交税费——应交增值税（进项税额）　　48000

　　贷：银行存款　　348000

支付机器安装费时：

借：在建工程　　30000

　　贷：银行存款　　30000

机器安装完毕达到可使用状态时：

该机器的成本=300000+30000=330000（元）

借：固定资产　　330000

　　贷：在建工程　　330000

（3）自行建造的固定资产的核算

企业根据自身的条件自行建造固定资产供企业使用。自行建造固定资产的会计核算方式和外购固定资产的核算基本一致，不同的是，自行建造会发生工程物资的使用以及人工成本的增加，会涉及"工程物资""原材料"及"应付职工薪酬"等科目。企业自建固定资产，主要有自营和出包两种方式，由于采用的建设方式不同，其会计处理也会不同。

- **自营工程**：企业自行进行工程物资的采购和组织施工人员施工的建筑与安装工程。

【实账处理】——公司自行建造员工食堂的核算

贤力公司考虑到员工福利，准备自建员工食堂供企业员工用餐使用，购入各种物资价值120000元，增值税税额为19200元，工程人员的应发工资为40000元，支付的其他费用为10000元。贤力公司会计应编制如下会计分录。

购入工程物资时，总价款=120000+19200=139200（元）

借：工程物资　　　139200

　　贷：银行存款　　　139200

工程领用物资时。

借：在建工程　　　139200

　　贷：工程物资　　　139200

分配工程人员工资时。

借：在建工程　　　40000

　　贷：应付职工薪酬　　　40000

支付工程发生的其他费用时。

借：在建工程　　　10000

　　贷：银行存款　　　10000

转入固定资产的成本=139200+40000+10000=189200（元）

借：固定资产　　　189200

　　贷：在建工程　　　189200

◆**出包工程**：企业通过招标方式将工程项目发包给建造承包商，由建造承包商组织施工的建筑与安装工程。

【实账处理】——某企业自行建造一幢厂房的核算

某企业将一幢厂房的建造工程出包给甲公司承建，该企业按合同规定向甲公司结算工程款350000元，工程完工后，收到甲公司有关工程结算单据，补付工程款50000元，工程完工并达到预计可使用状态。该企业应编制如下会计分录。

按合同规定向甲公司结算工程款时：

借：在建工程　　　　　　　　350000

　　贷：银行存款　　　　　　　　350000

补付工程款时。

借：在建工程　　　　　　　　50000

　　贷：银行存款　　　　　　　　50000

工程完工并达到预计可使用状态时：

借：固定资产　　　　　　　　400000

　　贷：在建工程　　　　　　　　400000

固定资产的计提核算

因为企业的经营是一个连续的期间，所以固定资产也会随着时间的推移而有所损耗，但是固定资产的价值较高，所以它的损耗不能一次性转移计入成本或费用，所以在会计处理上有确定的方法对固定资产进行计提分摊，被称为计提折旧。

企业应当根据固定资产的性质和使用情况，合理确定固定资产的使用寿命和预计净残值。固定资产的使用寿命和预计净残值一经股东大会、董事会、经理会议或类似公司有效组织批准后，不得随意变更。固定资产的折旧办法包括年限平均法（又称直线法）、工作量法、双倍余额递减法和年数总和法。

（1）年限平均法

年限平均法指按固定资产的使用年限平均计提折旧的方法，它的计算公式如下：

年折旧率=(1-预计净残值率)÷预计使用寿命

月折旧率=年折旧率÷12

月折旧额=固定资产原价×月折旧率

【实账处理】——采用年限平均法对甲企业的厂房进行计提折旧

甲企业有厂房一幢，原价为2000000元，预计可使用25年，按照有关规定，该厂房报废时的净残值率为2%。该厂房的月折旧率和月折旧额的计算如下：

年折旧率=(1-2%)÷25=3.92%

月折旧率=3.92%÷12=0.32%

月折旧额=2000000×0.32%=6400（元）

采用年限平均法计提固定资产折旧，是将固定资产主观地平均分摊到固定资产预计使用寿命内。采用这种方法计算的每期折旧额是相等的，这在实际经营中几乎是不可能实现的。

（2）工作量法

工作量法是指按实际工作量计提固定资产折旧额的一种方法，一般是按固定资产所能工作的时数平均计算折旧额，它是年限平均法的补充和延伸。工作量法的计算公式如下：

单位工作量折旧额=[固定资产原价×(1-预计净残值率)]÷预计总工作量

某固定资产月折旧额=该固定资产当月工作量×单位工作量折旧额

而针对不同的固定资产，其工作量有不同的表现形式。如果是运输工具，则工作量是指该运输工具的里程数；若是机器设备，则工作量可能是该机器的工时等。

【实账处理】——采用工作量法对贤力公司的货车进行计提折旧

贤力公司的会计小罗对公司于2018年10月25日购买的价值250000元的货车采用工作量法进行计提折旧，该货车预计总行驶里程为300000km，预计报废时的净残值率为5%，当月实际行驶500km。计算该货车的月折旧额。

单位里程折旧额=250000 × (1-5%) ÷ 300000=0.79（元）

本月折旧额=500 × 0.79=395（元）

固定资产应当按月计提折旧，当月增加的固定资产，当月不计提折旧，从下月起计提折旧；当月减少的固定资产，当月仍计提折旧，从下月起不计提折旧。所以，在以上实账处理中，贤力公司的会计不对此次的折旧进行会计处理，应当在下月进行账务处理。

提示：固定资产计提折旧应注意的事项

固定资产提足折旧后，不论是否能继续使用，均不再计提折旧；提前报废的固定资产也不再补提折旧。已经达到可使用状态的固定资产仍未办理竣工的，应按照估计价值确定其成本，进而计提折旧，待办理竣工决算后，再按照实际成本调整，但不需要调整原来已经计提的折旧额。

（3）双倍余额递减法

双倍余额递减法的计算公式如下：

年折旧率=2 ÷ 预计使用寿命（年）× 100%

月折旧率=年折旧率÷12

月折旧额=每月月初固定资产账面净值×月折旧率

所谓固定资产的账面净值，即固定资产的期初净值，是固定资产的原值减去已计提的累计折旧后的余额。

【实账处理】——采用双倍余额递减法对甲企业的某设备进行计提折旧

甲企业的一台机器设备的原价为1000000元，预计使用年限为5年，预计净残值为4000元。按双倍余额递减法计提折旧，每年的折旧额计算如下：

年折旧率=2÷5×100%=40%

第1年应计提的折旧额=1000000×40%=400000（元）

第2年应计提的折旧额=(1000000−400000)×40%=240000（元）

第3年应计提的折旧额=(1000000−400000−240000)×40%
=144000（元）

值得注意的是，从第4年起改用年限平均法计提折旧。

第4、5年的年折旧额=[(1000000−400000−240000−144000)−4000]÷2=106000（元）

将以上计算结果展示出来，如图2-8所示。

折旧计算表

单位：元

年限	期初净值	年折旧率	年折旧额	累计折旧	期末净值
1	1000000	40%	400000	400000	600000
2	600000	40%	240000	640000	360000
3	360000	40%	144000	784000	216000
4	216000		106000	890000	110000
5	110000		106000	996000	4000

图2-8

采用双倍余额递减法计提固定资产折旧，一般应在固定资产使用寿命到期前两年内，将固定资产账面净值扣除预计净残值后的余额平均摊销。

（4）年数总和法

采用年数总和法计提固定资产折旧，是指固定资产的原价减去预计净残值后的余额，乘以一个逐年递减的分数计算每年的折旧额。这个分数的分子代表固定资产还能使用的寿命，分母代表在使用寿命内每年的剩余使用年限之和。年数总和法的计算公式如下：

年折旧率=(预计使用寿命-已使用年限)÷[预计使用寿命×(预计使用寿命+1)÷2]×100%

或者：年折旧率=尚可使用年限÷预计使用寿命的年数总和×100%

月折旧率=年折旧率÷12

月折旧额=(固定资产原价-预计净残值)×月折旧率

【实账处理】——采用年数总和法对甲企业的设备进行计提折旧

若甲企业的该设备采用年数总和法计提折旧，则计算的各年折旧额如图2-9所示。

年数总和=5+4+3+2+1=15

折旧计算表

单位：元

年份	尚可使用年限	原价-净残值	年折旧率	年折旧额	累计折旧
1	5	996000	5/15	332000	332000
2	4	996000	4/15	265600	597600
3	3	996000	3/15	199200	796800
4	2	996000	2/15	132800	929600
5	1	996000	1/15	66400	996000

图2-9

固定资产发生修理的核算

公司的固定资产发生金额不大的修理费用，应一次性计入当期费用。

【实账处理】——贤力公司的汽车发生修理费的核算

贤力公司的行政部有一辆汽车供业务员外出办事使用，2018年10月份进行日常维修，产生修理费用2500元，用现金支付该笔费用。公司会计小罗应做如下会计处理。

借：管理费用——修理费　　2500

　　贷：库存现金　　2500

公司的固定资产发生的修理费用数额较大时，若一次性计入当期费用，则会导致该期间费用畸高，从而使当期费用不合理。此时应将该费用进行以后期间均摊，以便均衡各期间的成本费用。

【实账处理】——贤力公司的冻库工厂产生的维修费用核算

年初时，公司领导层考虑到公司发展的规模逐渐扩大，公司的冻库工厂已不能满足日益扩大的需求，所以决定将公司冻库进行功能提升维修。购买修理配件及维修材料花费100000元，支付修理人员工资20000元，均使用银行存款支付。

购买修理配件及维修材料时：

借：原材料　　100000

　　贷：银行存款　　100000

领用修理配件及维修材料进行修理及支付修理人员工资时：

借：预付账款　　120000

　　贷：原材料　　100000

　　　　银行存款　　20000

将本次修理费用平均分摊到本年度的每个月份，而分摊每月修理费用时：

借：管理费用　　　　　　　　10000

　　贷：预付账款　　　　　　　　10000

如果企业发生了分摊期间在一年以上的修理费用，则还应通过“长期待摊费用”科目进行结转。

固定资产的后续支出核算

为了保持固定资产的正常使用，充分发挥其使用效能，就必然会产生后续支出。固定资产的更新改造等后续支出可根据是否能进行资本化来进行不同的会计处理。

固定资产发生的可资本化的后续支出应当通过“在建工程”科目核算，借记“在建工程”科目，贷记“银行存款”等科目。在固定资产发生后续支出，完工并达到预计可使用状态时，借记“固定资产”科目，贷记“在建工程”科目。

发生的不可资本化的后续支出，应根据企业的不同部门借记“管理费用”“制造费用”或“销售费用”等科目，贷记“银行存款”等科目。企业生产车间或行政管理部门的后续支出记入“管理费用”科目；企业的销售部门发生的后续支出记入“销售费用”科目。

【实账处理】——贤力公司改良全自动饼干加工机器的核算

贤力公司于2012年年初购入一台价值4000000元的全自动饼干加工生产线机器设备，包装机当时的购价为500000元，当时未将包装机单独作为固定资产进行核算。2018年年初，公司决定更换一台性能更高、更先进的包装机，新包装机的成本为850000元，另支付安装费用800元。假定该全自动饼干加工机器的年折旧率为3%，更换后的旧包装机报废，贤力公司的会计小罗应做如下会计处理。

2018年10月该机器的累计折旧金额=4000000 × 3% ÷ 12 × 82
=820000（元）

借：在建工程　　3180000
　　累计折旧　　820000
　　贷：固定资产　　4000000

安装新包装机时。

借：在建工程　　850000
　　贷：工程物资　　850000

支付安装费用时。

借：在建工程　　800
　　贷：银行存款　　800

2018年年初，旧包装机的账面价值=500000−500000 × 3% × 6
=410000（元）

借：营业外支出　　410000
　　贷：在建工程　　410000

新包装机安装完毕后投入使用。

该固定资产的入账价值=3180000+850000+800−410000
=3620800（元）

借：固定资产　　3620800
　　贷：在建工程　　3620800

固定资产的处置

在日常经营中，企业为了不浪费资源以及换取资金流入，可能会将不适用于企业或不需要的固定资产对外出售，或对因现有技术的发展而已经被淘汰的设备进行报废处理，以及对因遭受自然灾害或人为损毁的固定资产进行处理。处置固定资产应通过“固定资产清理”科目核算。

（1）出售固定资产的核算

企业对固定资产进行出售，会计处理主要包括：转销出售固定资产的原价和已提折旧；核算出售固定资产的价款收入和清理费用；结转出售固定资产的利得或损失。

【实账处理】——贤力公司出售旧的多功能面条机的核算

贤力公司决定将一台旧的多功能面条机进行出售，该机器原价120000元，已提折旧40000元，买卖双方协商作价90000元，款项已收取并存入银行，出售过程中贤力公司用银行存款支付运输费用2000元。贤力公司的会计小罗应做如下会计处理。

转销固定资产的原价和累计折旧时：

借：固定资产清理　　　　80000

　　累计折旧　　　　　　40000

　　贷：固定资产　　　　　　120000

发生清理费用时：

借：固定资产清理　　　　2000

　　贷：银行存款　　　　　　2000

收到出售机器价款时：

借：银行存款　　　　　　90000

　　贷：固定资产清理　　　　90000

结转出售固定资产的净损益=90000-2000-80000=8000（元）

借：固定资产清理　　　　　　　　8000

　　贷：营业外收入　　　　　　　　　8000

（2）报废固定资产的核算

企业的固定资产经长期使用已丧失工作能力的，要进行报废处理。固定资产正常报废处理与固定资产出售处理类似，主要包括：将报废的固定资产转入清理；核算固定资产的清理费用和清理收入；结转固定资产清理净损益。

【实账处理】——甲公司报废一幢厂房的核算

甲公司报废一幢厂房，原价900000元，已提折旧760000元，清理过程中用银行存款支付清理费用20000元，废料出售取得变价收入50000元。应做如下会计处理。

将报废的厂房转入清理时：

借：固定资产清理　　　　　　　　140000

　　累计折旧　　　　　　　　　　760000

　　贷：固定资产　　　　　　　　　　900000

发生清理费用时：

借：固定资产清理　　　　　　　　20000

　　贷：银行存款　　　　　　　　　　20000

取得固定资产清理的收入时：

借：银行存款　　　　　　　　　　50000

　　贷：固定资产清理　　　　　　　　50000

结转固定资产清理的净损益=140000+20000-50000

=110000（元）

借：营业外支出　　　　　　　　　　　　110000

　　贷：固定资产清理　　　　　　　　　　　　110000

（3）固定资产盘盈和盘亏的核算

企业在财产清查中盘盈的固定资产，作为前期差错处理。在获得企业管理层的批准处理之前应先记入“以前年度损益调整”科目，待企业缴纳所得税之后结转至“盈余公积”或“利润分配——未分配利润”等科目。

【实账处理】——乙公司盘盈一项固定资产的核算

2018年10月25日，乙公司在财产清查中发现以前年度购入的一台设备尚未入账，重置成本为30000元，估计已计提折旧为10000元，净值为20000元。假定乙公司按净利润的10%提取法定盈余公积。乙公司应做如下会计处理。

盘盈固定资产时：

借：固定资产　　　　　　　　　　　　30000

　　贷：累计折旧　　　　　　　　　　　　10000

　　　　以前年度损益调整　　　　　　　　20000

企业缴纳所得税时，应交税费=20000×25%=5000（元）

借：以前年度损益调整　　　　　　　　5000

　　贷：应交税费——应交所得税　　　　　5000

结转利润时：

净利润=20000-5000=15000（元）

盈余公积=15000×10%=1500（元）

借：以前年度损益调整　　　　　　　　15000

　　贷：盈余公积——法定盈余公积　　　　　1500

　　　　利润分配——未分配利润　　　　　13500

而在清查过程中盘亏的固定资产则先记入“待处理财产损益”科目，待有关部门查明审批之后，结转至“营业外支出”科目。

【实账处理】——丙公司盘亏一项固定资产的核算

2018年10月25日，丙公司在财产清查中盘亏一台价值10000元的笔记本电脑，已计提折旧7000元，净值为3000元。丙公司应做如下会计处理。

盘亏固定资产时：

借：待处理财产损益　　3000

　　累计折旧　　7000

　　贷：固定资产　　10000

报经批准转销时：

借：营业外支出　　3000

　　贷：待处理财产损益　　3000

公司的隐形资产——无形资产的核算

无形资产是企业拥有或控制的、没有实物形态的、可辨认的非货币性资产，主要包括专利权、非专利技术、商标权、著作权、土地使用权和特许权等。

取得无形资产的核算

企业取得无形资产的方式主要有外购、自行研究开发、接受投资和捐赠等。取得方式不同，其会计处理也有所差别，但是都应当按照成本进行初始计量。

为了反映和监督无形资产的取得、摊销和处置等情况，企业应当设置“无形资产”和“累计摊销”等科目进行核算。“无形资产”的借方登记取得无形资产的成本，贷方登记出售无形资产的收入或转出的无形资产账面余额，期末一般为借方余额，反映企业无形资产的成本。“累计摊销”是调整类科目，借方登记处置无形资产转出的累计摊销，贷方登记企业计提的累计摊销。

（1）外购无形资产的核算

企业外购无形资产时，购买价款、购买无形资产产生的相关税费、咨询费以及直接相关的费用都构成无形资产的成本，应按照实际成本入账。

【实账处理】——甲公司购买一项专利技术的核算

甲公司购入一项专利技术，支付的价款为150000元，还支付了对本专利的咨询费用50000元，均以银行存款的方式支付。甲公司应做如下会计处理。

借：无形资产——专利技术　　200000

　　贷：银行存款　　200000

（2）自行研究的无形资产

企业自行研究开发项目所产生的材料费用、开发人员工资以及申请专利产生的注册费和律师聘请费等相关费用都将作为无形资产的成本。此期间发生的支出可区分为研究阶段支出和开发阶段支出，根据支出可否资本化来设置“研发支出——费用化支出”和“研发支出——资本化支出”科目。如果无法区分是研究阶段的支出还是开发阶段的支出，则应将这样的费用全部费用化，计入当期损益。

【实账处理】——贤力公司研发一项专利产品的核算

贤力公司的工作人员于2018年5月份自行研发一项专利菜品，发生研发支出合计120000元。经过两个月的研究，从2018年7月份开始该研发正式进入开发阶段，在此期间发生开发支出100000元，后经相关单位公证正式取得该专利权，命名该菜品为“牡丹鸭”，全部支出以银行存款的方式支付。贤力公司根据该业务应做如下会计处理。

发生的研发支出。

借：研发支出——费用化支出　　120000

　　贷：银行存款　　120000

该研发支出属于研究阶段发生的支出，将其费用化。

借：管理费用　　120000

　　贷：研发支出——费用化支出　　120000

发生开发支出并满足资本化条件。

借：研发支出——资本化支出　　100000

　　贷：银行存款　　100000

该研发完成并正式取得专利时，将相关费用资本化。

借：无形资产　　100000

　　贷：研发支出——资本化支出　　100000

（3）接受投资的无形资产

个人或其他单位以投资的名义将无形资产投资给企业，企业应按该无形资产的价值或以双方协议确定的价格，借记“无形资产”科目，贷记“实收资本”科目。

【实账处理】——乙公司接受甲公司的无形资产投资的核算

乙公司接受甲公司以无形资产进行的投资，经双方协商确定，该无形资产的价值为80000元，乙公司对该业务应做如下会计处理。

借：无形资产　　80000

　　贷：实收资本　　80000

摊销无形资产的核算

企业取得无形资产时就应当分析其使用寿命，为了满足会计核算的真实性和谨慎性，应当在无形资产的使用寿命期间进行摊销，以作为无形资产的损耗核算。使用寿命不确定的无形资产不应摊销，对于使用寿命有限的无形资产应当自可供使用当月起进行摊销，而处置当月不再摊销。

无形资产的摊销方法包括年限平均法和生产总量法等，企业可根据自身情况选择摊销方法，但是选择的方法应当反映企业与该无形资产有关的经济利益预期实现方式，无法可靠确定预期实现方式的，应当采用直线摊销法进行摊销。

企业应当按月对无形资产进行摊销，该摊销额应当计入当期损益。企业管理过程中使用的无形资产，应借记“管理费用”科目，贷记“累计摊销”科目；出租的无形资产，应借记“其他业务成本”科目，贷记“累计摊销”科目。

【实账处理】——贤力公司摊销一项专利权的核算

2016年年初，贤力公司购入一项加盟特许权，支付的价款为

80000元，根据相关法律规定，该加盟特许权可使用期间为4年，则2016年年底公司对该加盟特许权的摊销应做如下会计处理。

2016年年初购入该加盟特许权时：

借：无形资产——加盟特许权　　80000

　　贷：银行存款　　80000

2016年年底摊销该加盟特许权时：

摊销额=80000÷4=20000（元）

借：管理费用　　20000

　　贷：累计摊销　　20000

处置无形资产的核算

企业的无形资产可根据其所有权和使用权进行转让，所取得的收入可记入“其他业务收入”科目，产生的费用计入当期损益，在取得收入的同时应当按照其取得的价值结转相应的成本。

（1）转让其所有权的核算

企业取得一项无形资产的所有权后，可根据自身的业务情况转让该无形资产的所有权，所有权即所有人依法对自己的财产所享有的占有、使用、收益和处分的权利。转让时，企业应按实际取得的转让收入，借记“银行存款”科目，贷记“其他业务收入”科目，同时应结转无形资产的转让成本，即将无形资产的摊余成本作为转让无形资产的成本，借记“其他业务成本”科目，贷记“无形资产”科目。

【实账处理】——贤力公司转让一项加盟特许权的所有权的核算

2018年10月，贤力公司决定将购入的一项加盟特许权的所有权转让给星火火锅店，2016年购入该加盟特许权时支付价款140000元，使用期限为7年，转让收入为80000元。贤力公司对该业务应做如下会计处理。

2016年购入该加盟特许权时：

借：无形资产——加盟特许权　　140000

　　贷：银行存款　　140000

2016年年底摊销该加盟特许权时：

借：管理费用　　20000

　　贷：累计摊销　　20000

取得转让收入时：

借：银行存款　　80000

　　贷：其他业务收入　　80000

结转成本时：

成本=140000-80000+20000=80000（元）

借：其他业务成本　　80000

　　贷：无形资产——加盟特许权　　80000

（2）转让其使用权的核算

企业转让无形资产的使用权时，无形资产的所有权仍属于企业，因此，该无形资产仍属于企业的资产，所以其转让收入的核算与转让其所有权的核算不同。企业转让无形资产使用权的成本，只是履行出让合同所规定义务发生的费用。因此，在结转转让成本时，应按履行合同所发生的实际费用，借记“其他业务成本”科目，贷记“银行存款”科目。

【实账处理】——贤力公司转让一项专利权的使用权的核算

贤力公司决定将一项专利权的使用权转让给和平公司，而贤力公司购入该专利权时支付价款140000元，使用期限为7年，每年和平公司支付贤力公司使用费10000元，转让该专利权时支付相关费用5000元。贤力公司对该业务应做如下会计处理。

购入该专利权时。

借：无形资产——专利权　　　　140000

　贷：银行存款　　　　　　　　140000

年底摊销该专利权时，摊销额=140000÷7=20000（元）

借：管理费用　　　　　　　　20000

　贷：累计摊销　　　　　　　　20000

每年取得转让收入时。

借：银行存款　　　　　　　　10000

　贷：其他业务收入　　　　　　10000

支付转让费用时。

借：其他业务成本　　　　　　5000

　贷：银行存款　　　　　　　　5000

无形资产的减值核算

根据相关规定，企业如果发现无形资产可能在未来发生减值的迹象，即其收回金额低于账面价值，此时，企业可将该无形资产的账面价值减至可收回金额，减少的金额为减值损失，计入当期损益，同时计提相应的减值准备，借记“资产减值损失——计提的无形资产减值准备”科目，贷记“无形资产减值准备”科目。无形资产减值损失一旦确认，在以后会计期间不可再转回来。

【实账处理】——甲公司计提一项专利权的减值准备

甲公司购入一项专利权价值500000元，使用年限为8年，已计入摊销3年，经减值测试，该专利权的可收回金额为200000元，低于账面价值，应按其差额300000元（500000-200000）计提减值准备。甲公司应做如下会计处理。

借：资产减值损失——计提的无形资产减值准备　300000

　　贷：无形资产减值准备　300000

公司到底欠别人多少钱——负债的核算

负债是指企业过去的交易或者事项形成的、预期会导致经济利益流出企业的现时义务，包括短期借款、应付款项、预收款项、应付职工薪酬以及应交税费等。

短期借款的核算

短期借款是企业为了满足正常生产经营或抵偿债务而向银行或者其他金融机构借入的期限在一年或一年以下的各种款项。

企业可设置“短期借款”科目来核算短期借款的发生与偿还状况。借方登记偿还借款的增加数，贷方登记取得借款的金额。核算时可按照借款种类、债权人或币种等设置科目的明细。

企业借入各种短期借款时，借记“银行存款”科目，贷记“短期借款”科目；偿还借款时，借记“短期借款”科目，贷记“银行存款”科目。余额一般在贷方，反映企业尚未偿还的短期借款。

企业借入短期借款时应支付相应的利息，应当按照计算确定的短期借款利息费用，借记“财务费用”科目，贷记“应付利息”科目；实际支付利息时，借记“应付利息”科目，贷记“银行存款”科目；企业在偿还借款本金时，应借记“短期借款”科目，贷记“银行存款”科目。

【实账处理】——贤力公司向银行借入款项的核算

贤力公司决定加大规模发展，遂向银行借入一笔生产经营用的短期借款，共计120000元，期限为8个月，年利率为4%。根据协议规定，该项借款的本金到期最后一次性归还，利息按月支付。贤力公司应做如下会计处理。

借入短期借款时：

借：银行存款　　　　120000

　　贷：短期借款　　　　120000

计提本月应还利息时：

应付利息=120000×4%÷12=400（元）

借：财务费用　　　　400

　　贷：应付利息　　　　400

支付银行借款利息时：

借：应付利息　　　　400

　　贷：银行存款　　　　400

最后一月偿还银行借款本金时：

借：短期借款　　　　120000

　　贷：银行存款　　　　120000

应付款项的核算

企业的应付款项是指企业在生产经营中应当支付而尚未支付的各种款项，其中包括应付票据、应付账款以及其他应付款等。

（1）应付票据的核算

应付票据是指购买商品或接受劳务采用商业汇票结算的方式下，企业为未能及时支付货款而开出并承兑的商业汇票，包括银行承兑汇票和商业承兑汇票两种。银行承兑汇票是银行承诺在某一日期前将款付给收款人，商业承兑汇票是购货方承诺在某一日期前将款付给收款人。在未到付款日期前，商业承兑汇票是企业的一项流动负债。

企业应通过“应付票据”科目来核算应付票据的发生与偿付情况，贷方登记开出、承兑汇票的面值，借方登记支付票据的金额，余额一般在贷方，反映企业尚未到期的商业汇票的票面金额。企业可设置应付票据备查簿，记载每一项应付票据的种类、号数、出票日、到期日、票面金额和收款人姓名等信息，以备随时查看相应票据的详细情形，到期付清票据时，还需在备查簿中逐笔注销。

我国商业承兑汇票的付款期限不超过6个月，因此，企业应将应付票据作为流动负债进行管理和核算。企业开出商业承兑汇票用作相应的经营活动，借记相应的会计科目，贷记“应付票据”科目。

【实账处理】——贤力公司签发商业承兑汇票支付货款

贤力公司购入一批价值为30000元的海鲜已验收入库，增值税税额为4800元，以商业承兑汇票的形式支付该笔货款，以现金的形式支付银行承兑汇票的手续费10元。贤力公司针对该业务应做如下会计处理。

购入海鲜时：

借：材料采购　　　　　　　　　　　　　　　　30000

　　应交税费——应交增值税（进项税额）　　4800

　　贷：应付票据　　　　　　　　　　　　　　34800

支付银行手续费时：

借：财务费用　　　　　　　　　　　　　　　10

　　贷：库存现金　　　　　　　　　　　　　　10

到期收到银行支付通知时：

借：应付票据　　　　　　　　　　　　　　　34800

　　贷：银行存款　　　　　　　　　　　　　　34800

若企业开出的商业承兑汇票到期无力支付，则要将应付票据结转到“应付账款”科目，即借记“应付票据”科目，贷记“应付账款”科目。

【实账处理】——甲公司签发一张商业承兑汇票到期无力支付

甲公司购买一批原材料，价值60000元，签发了一张3个月到期的商业承兑汇票用于支付，到票据到期日时甲公司却无力支付该笔款项。委托人的开户银行收到退回的委托收款凭证和汇票时，银行按票面值处以罚款150元。甲公司应做如下会计处理。

收到银行通知退回委托收款凭证和汇票时：

借：应付票据　　　　　　　　　　　　　　　60000

　　贷：应付账款　　　　　　　　　　　　　　60000

支付银行罚款时：

借：营业外支出　　　　　　　　　　　　　　150

　　贷：银行存款　　　　　　　　　　　　　　150

（2）应付账款的核算

应付账款是指企业在购买商品或接受劳务时，应当支付而尚未支付的款项，是企业的一项流动负债。

应付账款一般应当在确认商品的所有权或使用权已确切转移到购买方时确认。在实际经营中，为了使商品的金额、品种和数量等与预先确定的相符，要在商品和对方开具的相应票据一同入库时确定应付账款。经营规模或者往来款项数额较大的企业，一般会设置相应的“应付账款”科目，财务人员与往来企业进行对账后确定应付账款。

企业通过“应付账款”科目核算应付账款的发生、偿还和转销情况，贷方登记企业购买材料、商品和接受劳务等发生的应付账款，借方登记偿还的应付账款，或以其他形式冲销的应付账款数额。该科目的期末余额一般在贷方，反映企业尚未偿还的应付账款余额。会计人员可根据相应的债权人设置该科目的明细科目。

企业购入商品、原材料时，应按照相关的凭证和相应的增值税进项税额借记“原材料”、“应交税费——应交增值税（进项税额）”等科目，贷记“应付账款”科目。

应付账款附有现金折扣的，应按扣除现金折扣前的应付账款总额入账。折扣期限内付款而获得的现金折扣，应在偿付应付账款时冲减财务费用。

【实账处理】——贤力公司支付包装厂一笔附有现金折扣的货款

贤力公司于2018年9月28日购买一批包装袋并验收入库。增值税专用发票上注明该批包装袋价款为10000元，增值税税额为1600元。按照双方的购销协议规定，若贤力公司在10天内付清货款，则享受2%的现金折扣。贤力公司在2018年10月3日以银行存款形式付清该笔货款。贤力公司对该业务应做如下会计处理。

收到包装袋并验收入库时：

借：周转材料——包装袋 10000

应交税费——应交增值税（进项税额） 1600

贷：应付账款——包装厂 11600

2018年10月3日付清该款项时：

贤力公司获得的现金折扣=11600×2%=232（元）

借：应付账款——包装厂 11600

贷：银行存款 11368

财务费用 232

预收账款的核算

预收账款是指企业按照合同规定，向购买方收取定金或者全部货款而产生的债务。

企业应通过“预收账款”科目核算预收账款的取得和偿付等情况。贷方登记发生的预收账款数和购货单位补付账款的数额，借方登记企业向购货方发货后冲销的相应数额和退回购货方多支付的预付账款数额。

期末若是贷方余额，则表示企业预收的款项；若是借方余额，则表示企业尚未转销的款项，会计人员可按照购货单位设置明细科目进行核算。预收账款不多的企业，可以不单独设置“预收账款”科目，直接用“应收账款”代替。

企业预收购货单位款项时，应借记“银行存款”科目，贷记“预收账款”科目；实现销售取得收入时，应借记“预收账款”科目，贷记“主营业务收入”科目；购货单位补付款项时，应借记“银行存款”科目，贷记“预收账款”科目；退回购货单位多付款项时，应借记“预收账款”科目，贷记“银行存款”等科目。

【实账处理】——贤力公司预收美力公司一批货款的账务处理

2018年10月28日，贤力公司与美力公司签订购货合同，向美力公司出售一批烤鸭，货款金额共计100000元，应交增值税16000元。根据购货合同的规定，美力公司应当向贤力公司支付预付货款50000元，剩余货款在交货后付清。2018年10月29日，贤力公司收到美力公司预付货款50000元存入银行，并于当日将烤鸭发运到美力公司，美力公司在收到货后立即支付剩余货款。贤力公司应做如下账务处理。

收到美力公司预付的货款时：

借：银行存款　　50000

　　贷：预收账款——美力公司　　50000

向美力公司发出货物时：

借：预收账款——美力公司　　116000

　　贷：主营业务收入　　100000

　　　　应交税费——应交增值税（销项税额）　16000

收到美力公司补付的货款=116000-50000=66000（元）

借：银行存款　　66000

　　贷：预收账款——美力公司　　66000

应付职工薪酬的核算

应付职工薪酬是指企业应向职工支付的相应报酬，包括短期薪酬、离职后福利、辞退福利和其他长期职工福利。企业应当设置“应付职工薪酬”科目，核算应付职工薪酬的计提、结算和使用等情况。贷方登记职工薪酬分配的增加数额，借方登记实际发放的薪酬数额。期末一般为贷方余额，反映应付未付的职工薪酬。

“应付职工薪酬”应按照“工资、奖金、津贴和补贴”、“职工福利费”“非货币性福利”“社会保险费”“住房公积金”“工会经费和职工教育经费”及“辞退福利”等职工薪酬项目设置明细科目。

根据职工提供服务的受益对象不同，将生产部门人员的职工薪酬借记“生产成本”“制造费用”或“劳务成本”等科目，贷记“应付职工薪酬”科目；管理部门人员的职工薪酬及因解除劳动关系给予的补偿借记“管理费用”科目，贷记“应付职工薪酬”科目；销售人员的职工薪酬借记“销售费用”科目，贷记“应付职工薪酬”科目。

【实账处理】——贤力公司发放2018年9月份工资的账务处理

贤力公司2018年9月份的职工薪酬组成如下：应发职工工资以及福利费共计153842元，其中包含为职工代垫的费用4328元，实发工资为149514元，工资以开户银行代发的形式发放。其中，销售人员工资为82300元，行政管理部门人员工资为27328元，生产部门人员工资为44214元。贤力公司应做如下账务处理。

收到银行回执单时：

借：应付职工薪酬　　　　153842

　　贷：其他应收款　　　　　　4328

　　　　银行存款　　　　　　149514

分配工资费用时：

借：销售费用　　　　82300

　　管理费用　　　　27328

生产成本　　　　　　　　　　44214

贷：应付职工薪酬　　　　　　　　　　153842

应交税费的核算

根据相关规定，企业应缴纳增值税、消费税、所得税、城市维护建设税、资源税、土地增值税、房产税、车船税、印花税、教育费附加和耕地占用税等多种税费。企业应设置“应交税费”科目，反映各种税费的计提与缴纳等情况，贷方登记应缴纳的各种税费，借方登记实际缴纳的税费。期末余额一般在贷方，反映企业尚未缴纳的税费；期末余额在借方，反映企业多交或者尚未抵扣的税费。会计人员可按应交的税费项目设置明细科目进行核算。

企业代扣代缴的个人所得税也应通过“应交税费”科目进行核算，但是企业缴纳的房产税、车船税、矿产资源税和印花税等不需要预计缴纳的税费，不通过“应交税费”科目核算，而应记入“管理费用”科目。

【实账处理】——贤力公司计提缴纳的增值税的账务处理

贤力公司从猪肉厂购入一批猪肉准备加工成猪肉脯，收到的增值税专用发票上注明的货款为60000元，增值税税额为9600元，货物已验收入库，货款尚未支付。贤力公司遂将该批加工完成的猪肉脯销售给香香公司，收到货款90000元，增值税税额为14400元，将该笔款项存入银行。贤力公司应做如下账务处理。

货物验收入库时：

借：原材料　　　　　　　　　　60000

应交税费——应交增值税（进项税额）　9600

贷：应付账款——猪肉厂　　　　　　69600

收到香香公司货款时：

借：银行存款 104400

贷：主营业务收入 90000

应交税费——应交增值税（销项税额）14400

同时结转成本：

借：主营业务成本 60000

贷：原材料 60000

借款利息的核算

企业在生产经营中因为周转资金不灵，往往会向银行或其他金融机构进行借款，借款产生的利息应通过企业设置的“应付利息”科目进行核算，贷方登记预先计提的利息数额，借方登记实际支付的利息数额，期末余额在贷方，表示已经提取的尚未支付的利息数，且余额不可能在借方。

【实账处理】——贤力公司向银行借款的利息核算

贤力公司于2018年5月份向银行借入一笔250000元、借款期为6个月的借款，年息为14.4%，到期本息一次性还清。贤力公司的这笔业务应做如下账务处理。

向银行借款，收到银行款项时：

借：银行存款 250000

贷：短期借款 250000

自借入月开始，每月应计提利息：

借：财务费用 3000

贷：应付利息 3000

到期一次性还本付息时：

应付利息=3000×6=18000（元）

借：短期借款　　　　　　　　250000

　　应付利息　　　　　　　　18000

　贷：银行存款　　　　　　　　268000

长期借款的核算

长期借款是指企业向银行或其他金融机构借入的、期限在一年以上的各项借款。企业一般将长期借款用于固定资产的购建及大修理等扩大生产经营的业务活动。企业应设置“长期借款”科目，核算长期借款的借入和归还等情况，贷方登记长期借款的本息增加数，借方登记本息的减少数。月末余额在贷方，表示企业尚未偿还的长期借款数。企业可按照债权人（银行等金融机构）和借款种类设置明细科目进行核算。

企业借入借款时，应按照实际收到的金额，借记“银行存款”科目，贷记“长期借款——本金”科目；若产生交易费用，存在差额，还应借记或贷记“长期借款——利息调整”科目。计算长期借款利息时，借记“在建工程”“制造费用”“财务费用”或“研发支出”等科目，贷记“长期借款——应计利息”或“应付利息”科目；归还本金时，借记“长期借款——本金”科目，贷记“银行存款”科目；归还利息时，借记“应付利息”或“长期借款——应计利息”科目，贷记“银行存款”科目。

【实账处理】——贤力公司向银行借入一笔长期借款的账务处理

贤力公司于2015年12月31日从银行借入1800000元，借款期限为3年，年利率为6.4%，到期一次性还本付息。公司在2018年12月31日将此笔借款的本息归还给银行。贤力公司应做如下账务处理。

取得借款时：

借：银行存款　　　　　　　　　　　　　1800000

　　贷：长期借款——本金　　　　　　　　　1800000

2016年1月31日计提长期借款利息时：

利息=1800000×6.4%÷12=9600（元）

借：财务费用　　　　　　　　　　　　9600

　　贷：长期借款——应计利息　　　　　　9600

3年内，除最后一个月的每月计提利息时，都应做以上相同的账务处理，而2018年12月31日归还银行本息时应编制如下分录。

应计利息=1800000×6.4%÷12×35=336000（元）

借：财务费用　　　　　　　　　　　　　9600

　　长期借款——本金　　　　　　　　1800000

　　　　　　——应计利息　　　　　　　336000

　　贷：银行存款　　　　　　　　　　　2145600

核算贤力公司2018年12月有关资产、负债的经济业务

与资产和负债相关的经济业务是公司最常见的业务，每日的经营活动几乎都与公司的资产和负债相关，学好本节内容相当重要。

将贤力公司2018年12月份发生的有关资产、负债的经济业务进行综合账务处理，已知，截至2018年11月30日贤力公司的科目余额平衡表如图2-10所示。

科目余额平衡表

单位：贤力食品有限公司　　　　　　　　2018年11月30日

科目名称	借方余额	科目名称	贷方余额
库存现金	3000	短期借款	320000
银行存款	256910.47	应付票据	50000
其他货币资金	112211.4	应付账款	653200.45
应收票据	120000	应付职工薪酬	480000
应收账款	830002	应付利润	400000
其他应收款	35000	应交税费	203045
坏账准备	-30000	其他应付款	13200
原材料	850043	应付利息	32000
周转材料	76521.4	长期应付款	403500
库存商品	506000	实收资本	1800000
长期股权投资	340000	资本公积	530012
固定资产	1853000	盈余公积	203000
累计折旧	-243000	利润分配	408000
在建工程	523000	本年利润	66730.82
工程物资	330000		
合计	5562688.27	合计	5562688.27

图2-10

关于筹集资金的核算

【例2-1】——公司向银行申请借款

2018年12月1日，公司向银行申请了一笔为期10个月的短期借款150000元，该笔款项已经存入银行，公司应做如下账务处理。

借：银行存款　　　　　　　　150000

　　贷：短期借款　　　　　　　　150000

关于购进业务的核算

【例2-2】——公司购进一台加工牛肉的设备

2018年12月3日，经过公司高层会议决定，准备购进一台加工牛肉的机器设备，收到对方开具的增值税专用发票价款为120000元，增值税税额为20400元，以银行存款的方式支付。公司应做如下账务处理。

借：固定资产　　　　　　　　120000

　　应交税费——应交增值税（进项税额）　　19200

贷：银行存款　　　　　　　　　　　　139200

【例2-3】——公司购进一台需要安装调试的空调

2018年12月5日，公司为改善办公环境，购买了一台需要安装调试的空调，收到增值税专用发票价税合计34800元，发生安装工人工资500元，安装完毕后交付使用。公司应做如下账务处理。

借：在建工程　　　　　　　　　　　　30500
　　应交税费——应交增值税（进项税额）　4800
　　贷：银行存款　　　　　　　　　　　　34800
　　　　应付职工薪酬　　　　　　　　　　　500
借：固定资产　　　　　　　　　　　　30500
　　贷：在建工程　　　　　　　　　　　　30500

【例2-4】——公司收到政府扶持基金

2018年12月6日，公司收到当地政府为扶持实业公司发展而发放的奖励10000元。公司应做如下账务处理。

借：库存现金　　　　　　　　　　　　10000
　　贷：营业外收入　　　　　　　　　　　10000

【例2-5】——公司购买A添加剂和B添加剂

2018年12月10日，公司在宏云公司购买A添加剂，价款20000元，增值税税额3200元，B添加剂价款13000元，增值税税额2080元，款项尚未支付，也未收到添加剂。2018年12月12日，收到添加剂并验收入库。公司应做如下账务处理。

借：在途物资——A添加剂　　　　　　20000
　　　　　　——B添加剂　　　　　　13000
　　应交税费——应交增值税（进项税额）　5280
　　贷：应付账款——宏云公司　　　　　　38280

12月12日，收到添加剂并验收入库：

借：原材料——A添加剂　　20000
　　　　——B添加剂　　13000
　贷：在途物资——A添加剂　　20000
　　　　　　——B添加剂　　13000

【例2-6】——公司收到预付款和支付预付款

2018年12月13日，公司收到美力公司订购烤鸭的款项50000元。当天，公司需要购买生产用的面粉，于是向华康面粉厂支付10000元作为定金。公司应做如下账务处理。

收到美力公司订购款：

借：银行存款　　50000
　贷：预收账款——美力公司　　50000

向华康面粉厂支付定金：

借：预付账款——华康面粉厂　　10000
　贷：银行存款　　10000

关于生产业务的核算

【例2-7】——核算2018年12月公司生产部门的材料耗用

2018年12月14日，根据各部门的耗用材料分配表得知，生产可可饼耗用A添加剂1000元，生产蛋糕耗用A添加剂1200元、B添加剂2000元，车间耗用A添加剂500元、B添加剂1200元，管理部门耗用B添加剂2400元。公司应做如下账务处理。

A添加剂=1000+1200+500=2700（元）

B添加剂=2000+1200+2400=5600（元）

借：生产成本——可可饼　　1000
　　　　——蛋糕　　3200

制造费用　　　　　　　　　　　1700

管理费用　　　　　　　　　　　2400

贷：原材料——A添加剂　　　　　　2700

　　　　　——B添加剂　　　　　　5600

【例2-8】——从银行提取现金报销员工费用并发放员工2018年12月份工资

贤力公司的出纳小刘在2018年12月15日到银行提取现金153285元为报销员工的费用，以及发放部分没有办理工资卡的员工工资。广告部小王报销差旅费3000元，以及招待客户用餐费用1600元，发放工资105000元，社会保险费12000元，住房公积金20000元，职工教育经费11685元（假设社会保险费和住房公积金等均以现金形式发放），除去差旅费和客户用餐费用共计148685元，其中，生产部门员工工资为93600元，后勤及管理部门员工工资为31200元，销售人员工资为23885元。贤力公司应做如下账务处理。

向银行提取现金时：

借：库存现金　　　　　　　　　　153285

　贷：银行存款　　　　　　　　　　153285

报销小王差旅费和招待费用时。

借：管理费用——差旅费　　　　　　3000

　　　　　——业务招待费　　　　　1600

　贷：库存现金　　　　　　　　　　　4600

发放工资时：

借：应付职工薪酬——工资　　　　105000

　　　　　　——社会保险费　　　12000

　　　　　　——住房公积金　　　20000

　　　　　　——职工教育经费　　11685

　贷：库存现金　　　　　　　　　148685

同时结转成本和费用。

借：生产成本　　　　　　　93600
　　管理费用　　　　　　　31200
　　销售费用　　　　　　　23885
　　贷：应付职工薪酬　　　　　　148685

【例2-9】——计提各部门和产品的折旧

根据各部门的固定资产使用折旧计提表得知，车间计提10000元，管理部门计提20000元，生产海鲜类产品计提12000元，生产糕点类产品计提15000元，共计57000元。公司应做如下账务处理。

借：制造费用　　　　　　　10000
　　管理费用　　　　　　　20000
　　生产成本——海鲜类产品　12000
　　生产成本——糕点类产品　15000
　　贷：累计折旧　　　　　　　57000

【例2-10】——结转公司本月的制造费用

公司本月的制造费用为11700元（1700+10000），月度终了时，公司要将制造费用结转到生产成本中。公司应做如下账务处理。

借：生产成本　　　　　　　11700
　　贷：制造费用　　　　　　　11700

【例2-11】——结转公司的生产成本为产成品

公司本月的生产成本为136500元（1000+3200+93600+12000+15000+11700），月度终了时，公司要将生产成本结转到库存商品中。公司应做如下账务处理。

借：库存商品　　　　　　　136500
　　贷：生产成本　　　　　　　136500

Chapter 03

会计做账之收入、费用、利润及所有者权益核算

OPTIONS
【本章要点】

OPTIONS
【实账处理】

公司的“生产流水线”——收入、费用、利润的核算

收入、费用和利润是反映企业经营成果的重要会计要素，主要依托“收入-费用=利润”这个恒等式来实现。“利润”是指资金运动的动态方面，反映的是某一会计期间的经营成果，是一个过程。这三者是编制企业利润表的重要依据。

收入的核算

收入是指企业在日常活动中形成的、会导致所有者权益增加的，但是与所有者投入无关的经济利益总流入。

（1）销售商品收入的处理

销售商品收入要同时满足下列条件，才能予以确认。

- **企业已将商品所有权上的主要风险和报酬转移给购货方：**企业是否将商品所有权上的主要风险和报酬转移给购货方，应当根据交易的实质，并结合关于所有权凭证的转移进行判断。也就是说，当商品所有权有关的任何损失均不需要销货方承担，与商品所有权有关的任何经济利益也不归销货方所有时，就意味着商品所有权上的主要风险和报酬转移给了购货方。
- **企业既没有保留通常与所有权相联系的继续管理权，也没有对已售出的商品实施有效控制：**企业售出商品后不再保留与商品所有权相联系的继续管理权，也不再对售出商品实施有效控制，商品所有权上的主要风险和报酬已经转移给购货方的，通常应在发出商品时确认收入。
- **相关的经济利益很可能流入企业：**在销售商品的交易中，与交易

相关的经济利益主要表现为销售商品的主要价款。相关的经济利益很可能流入企业是指，销售商品价款收回的可能性大于不能收回的可能性，即销售商品价款收回的可能性超过50%。

- **收入的金额能可靠计量**：是指收入的金额能够合理地估计。企业在销售商品时，商品销售价款通常已经确定，但也有可能存在商品销售价款发生变动的情况，然而在这种情况下，商品销售价款就不能准确地计量，这样的收入不应确认为销售商品收入。
- **相关的已发生或将发生的成本能够可靠计量**：是指与销售商品有关的已发生或将发生的成本能够合理估计。

【实账处理】——公司销售一批冻品给多新鲜公司

2018年10月8日，公司销售一批冻品给多新鲜公司，该批冻品的价值为30 000元，产品的品种和质量均按合同规定提供，该批产品已经发出。产品发出两日后，多新鲜公司收到该批冻品并验收入库，随即向公司对公账户转来货款以及增值税税款共计34 800元。该批冻品的产品成本价值为20 000元。公司应做如下账务处理。

收到多新鲜公司的银行转账时：

借：银行存款　　34 800

　　贷：主营业务收入　　30 000

　　　　应交税费——应交增值税（销项税额）4 800

结转该批冻品的成本时：

借：主营业务成本　　20 000

　　贷：库存商品——冻品　　20 000

在该账务处理中，贤力公司按照合同所规定的产品品种和质量发货，多新鲜公司也验收入库，则该笔销售业务完成，贤力公司将该批冻品的所有风险和报酬转移给了多新鲜公司，并不再对该批冻品实施管理权和控制权，营业收入是可以计量的，价值为30 000元，相应地，该产品的成本也可以可靠计量，价值为20 000元，满足所有确定收入的条件，所以做出了如上账务处理。

（2）已经发出但不符合收入确认条件的商品的处理

如果企业售出商品不符合确认收入条件，则不应确认为收入。企业为了区分这种销售行为，应当单独设置“发出商品”科目进行单独核算。现在以贤力公司的一笔销售业务作为案例进行账务处理分析。

【实账处理】——公司销售一批饼干给爱利公司

2018年10月9日，公司销售一批饼干给爱利公司，开出的增值税专用发票上注明价格为30 000元，增值税税额为4 800元，该批饼干的成本为20 000元。但由于资金周转存在问题，爱利公司承诺货款将在验收入库后10日内进行支付。为了保持与爱利公司的商业合作关系，以及减少存货的积压，公司决定仍然保质保量地发出该批饼干。2018年10月15日，爱利公司资金周转良好，承诺支付该批货款，2018年10月16日公司收到爱利公司银行转账34 800元。公司应做如下账务处理。

发出饼干时。

借：发出商品　　20 000

　　贷：库存商品　　20 000

借：应收账款——爱利公司　　4 800

　　贷：应交税费——应交增值税（销项税额）　　4 800

2018年10月15日，爱利公司承诺支付货款，应当确认收入。

借：应收账款——爱利公司　　30 000

　　贷：主营业务收入　　30 000

结转成本。

借：主营业务成本　　　　　　　　　　20 000

　　贷：发出商品　　　　　　　　　　　20 000

2018年10月16日，收到爱利公司银行转账。

借：银行存款　　　　　　　　　　　　34 800

　　贷：应收账款——爱利公司　　　　　　34 800

（3）销售退回的处理

在现实生活中，企业完成一笔交易并不一定是顺利的，有时会因为产品质量等问题发生销售退回的情况。

对于销售企业而言，如果是尚未确认销售收入的销售退回，则应从“发出商品”科目进行冲减，同时增加“库存商品”科目；若是已经确认销售收入的销售退回，则应当冲减当期销售收入以及当期销售成本，即借记“主营业务收入”科目，贷记“银行存款”等科目。

【实账处理】——公司销售一批奶油给绿林公司，但被退回

2018年10月15日，公司销售一批奶油给绿林公司，开出的增值税专用发票上注明价格为40 000元，增值税税额为6 400元，该批奶油的成本为25 000元，于10月15日发出，绿林公司在当日就支付了货款，公司对该笔销售进行了收入确认。

10月16日，绿林公司在收到该批奶油进行验收入库时，发现该批奶油出现了严重的质量问题，于是将该批奶油全部退回公司。公司在确认确实是奶油出现了质量问题后，同意退货，于退货当日支付了退货款，并按照规定向绿林公司开具了增值税专用红字发票。公司应做如下账务处理。

销售实现时：

借：应收账款——绿林公司　　　　　　　46 400

贷：主营业务收入 40 000

应交税费——应交增值税（销项税额） 6 400

结转成本时：

借：主营业务成本 25 000

贷：库存商品 25 000

收到货款时：

借：银行存款 46 400

贷：应收账款——绿林公司 46 400

销售退回时：

借：主营业务收入 40 000

应交税费——应交增值税（销项税额） 6 400

贷：银行存款 46 400

借：库存商品 25 000

贷：主营业务成本 25 000

（4）采用预收款方式销售商品的处理

在预收款方式下，销售企业直到收到最后一笔款项时才将商品交付给购买方，表明商品所有权上的主要风险和报酬只有在收到最后一笔款项时才转移给对方，而销售企业通常应在发出商品时确认收入，在此之前收到的款项均不能直接确认为销售收入，只能确认为预收款，企业应当设置“预收账款”科目进行核算。

【实账处理】——公司预售一批窖肉给星星公司

2018年10月18日，公司与星星公司签订协议，采用预收款方式向星星公司销售一批窖肉。该批窖肉的实际成本为22 000元。

协议约定，该批窖肉的销售价格为38 000元，增值税税额为6 080元，星星公司应在协议签订时预付60%的货款（按销售价格计算），剩余款项于一个月后支付。公司应做如下账务处理。

收到60%货款时：

预收款＝38 000 × 60%＝22 800（元）

借：银行存款　　　　　　　　　　22 800

　　贷：预收账款——星星公司　　　　　22 800

收到剩余货款及增值税税款并交付窖肉时：

剩余货款＝38 000+6 080−22 800＝21 280（元）

借：预收账款——星星公司　　　　　　22 800

　　银行存款　　　　　　　　　　　　21 280

　　贷：主营业务收入　　　　　　　　　　38 000

　　　　应交税费——应交增值税（销项税额）6 080

结转成本时：

借：主营业务成本　　　　　　　　22 000

　　贷：库存商品　　　　　　　　　　22 000

（5）销售材料等存货的处理

企业在日常经营中还可能将一些不需要的原材料、随同商品对外销售单独计价的包装物等进行销售。企业销售原材料或包装物等实现的收入作为其他业务收入处理，结转的相关成本应当作为其他业务成本处理。

企业应当设置“其他业务收入”科目来对该业务的收入进行核算，也应当设置“其他业务成本”科目来对该业务的成本进行核算。“其他业务收入”科目核算企业除主营业务活动以外的其他经营活动实现的收入，包括销售材料、出租包装物和商品、出租固定资产及出租无形资产等实现的收入。该科目贷方登记企业实现的各项其他业务收入，借方登记期末结转入“本年利润”的其他业务收入，结转后该科目无余额。

“其他业务成本”科目核算除主营业务活动以外的其他经营活动所产生的成本，包括销售材料的成本、出租固定资产的折旧额、出租无形资产的摊销额以及出租包装物的成本或摊销额。该科目借方登记企业结转或发生的其他业务成本，贷方登记期末结转入“本年利润”的其他业务成本，结转后该科目无余额。

【实账处理】——公司销售一批包装物给爱利公司

2018年10月20日，公司销售一批单独计价的包装物给爱利公司，开出的增值税专用发票上注明的价格为10 000元，增值税税额为1 600元，款项已用银行存款方式支付，该批包装物的实际成本为8 000元。公司应做如下账务处理。

取得销售收入时：

借：银行存款　　11 600

　　贷：其他业务收入　　10 000

　　　　应交税费——应交增值税（销项税额）1 600

结转销售包装物的成本时：

借：其他业务成本　　8 000

　　贷：周转材料——包装物　　8 000

费用的核算

费用是指企业在日常经营中发生的、会导致所有者权益减少的、与向所有者分配利润无关的经济利益的总流出。

企业的费用主要包括成本费用和期间费用。成本费用包括主营业务成本和其他业务成本等。期间费用包括销售费用、管理费用和财务费用，期间费用发生时直接计入当期损益。

（1）主营业务成本的核算

主营业务成本是指企业销售商品和提供劳务等经常性活动所发生的成本。企业应当设置“主营业务成本”科目，借记该科目，贷记“库存商品”或“劳务成本”等科目。期末，将主营业务成本的余额结转入“本年利润”科目，贷记该科目，借记“本年利润”科目，结转后该科目无余额。

【实账处理】——公司计算销售的海鲜、饼干、烤鸭的成本

2018年10月末，公司计算已销售的海鲜、饼干和烤鸭3种产品的实际成本，分别为10 000元、12 000元和15 000元。公司月末结转已销的3种产品的成本时，应做如下账务处理。

3种产品的总成本＝10 000+12 000+15 000＝37 000（元）

借：主营业务成本　37 000

　贷：库存商品——海鲜　10 000

　　　库存商品——饼干　12 000

　　　库存商品——烤鸭　15 000

借：本年利润　37 000

　贷：主营业务成本　37 000

（2）其他业务成本的核算

企业发生的其他业务成本应当结合相应的经济活动，借记本科目，贷记“原材料”“周转材料”“累计折旧”“累计摊销”“应付职工薪酬”或“银行存款”等科目。本科目可按其他业务成本的种类进行明细核算。

期末将余额全部结转至“本年利润”科目。

【实账处理】——公司销售一批面粉给爱利公司

2018年11月1日，公司将一批生产饼干的原材料——面粉销售给爱利公司，开具的增值税专用发票上注明的售价为10 000元，增值税税额为1 600元，款项已由银行收妥，该批面粉的实际成本为7 000元。公司应做如下账务处理。

销售实现时：

借：银行存款　　11 600

　　贷：其他业务收入　　10 000

　　　　应交税费——应交增值税（销项税额）1 600

借：其他业务成本　　7 000

　　贷：原材料——面粉　　7 000

将其他业务成本结转至本年利润时：

借：本年利润　　7 000

　　贷：其他业务成本　　7 000

（3）期间费用的核算

期间费用是指在企业日常经营中发生的不能计入特定核算对象的成本，而计入活动发生期间的当期损益的费用。期间费用包括销售费用、管理费用和财务费用。

销售费用是指企业销售商品所产生的所有费用，但是并不包括产品本身的成本，产品本身的成本应通过“主营业务成本”或“其他业务成本”等相关科目进行核算。企业应设置“销售费用”科目核算销售费用的发生和结转，该科目借方登记企业所发生的各项销售费用，贷方登记期末结转入“本年利润”的销售费用，结转后该科目无余额。

【实账处理】——公司要求清新广告公司宣传新产品

2018年11月2日，公司找来清新广告公司为自己的新产品打造一支全新的广告，发生费用80 000元，公司用银行存款的方式支付了该笔费用，11月30日将该笔广告费进行结转。公司应做如下账务处理。

支付广告费用时：

借：销售费用——广告费　　　　80 000

　贷：银行存款　　　　　　　　80 000

11月30日进行结转时：

借：本年利润　　　　　　　　80 000

　贷：销售费用　　　　　　　　80 000

财务费用是指企业为筹集生产经营所需要的资金而发生的筹资费用，包括利息支出（减利息收入）、汇兑损益、相关的手续费以及企业发生的现金折扣等。企业应设置“财务费用”科目核算财务费用的发生和结转。该科目借方登记企业发生的各项财务费用，贷方登记期末结转至“本年利润”的财务费用，结转后该科目无余额。

【实账处理】——公司向千美食品公司支付货款发生手续费

2018年11月3日，贤力公司向千美食品公司支付一笔购买糯米的货款，用银行存款支付，发生银行手续费400元，该笔费用由公司自己承担，11月30日，会计人员对该笔费用进行结转。公司应做如下账务处理。

支付手续费用时：

借：财务费用——手续费　　　　400

　贷：银行存款　　　　　　　　400

11月30日进行结转时：

借：本年利润　　　　　　　　　　400

　　贷：财务费用　　　　　　　　　　400

管理费用是指企业行政管理部门为组织和管理经营活动而发生的各项费用，包括公司经费、工会经费、董事会费、咨询费、业务招待费、房产税、车船税、城镇土地使用税、印花税、技术转让费、矿产资源补偿费以及排污费等。企业生产车间（部门）和行政管理部门发生的固定资产修理费用等后续支出，也作为管理费用核算。

企业应设置“管理费用”科目核算管理费用的发生和结转。该科目借方登记企业发生的各项管理费用，贷方登记期末结转至“本年利润”的管理费用，结转后该科目无余额。

【实账处理】——公司业务拓展产生了招待费用

2018年11月4日，为拓展产品销售市场，发生业务招待费50 000元，用银行存款支付，11月30日对该笔费用进行结转。公司应做如下账务处理。

支付招待费用时：

借：管理费用——业务招待费　　　　50 000

　　贷：银行存款　　　　　　　　　　50 000

11月30日进行结转时：

借：本年利润　　　　　　　　　　50 000

　　贷：管理费用　　　　　　　　　　50 000

利润的核算

利润是指企业在一定会计期间的经营成果，是企业的收入减去费用的差额，是衡量一家企业经营活动是否产生利益的重要指标。与利润相关的计算公式有如下几个。

（1）营业利润

营业利润＝营业收入–营业成本–营业税金及附加–销售费用–管理费用–财务费用–资产减值损失+/–公允价值变动损益+/–投资损益

其中，营业收入是指企业经营业务所确认的收入总额，包括主营业务收入和其他业务收入；营业成本是指企业经营业务所发生的实际成本总额，包括主营业务成本和其他业务成本。

资产减值损失是指企业计提各项资产减值准备所形成的损失；公允价值变动损益是指企业交易性金融资产等公允价值变动形成的应计入当期损益的利得或损失；投资损益是指企业以各种方式对外投资所取得的收益或损失。

（2）利润总额

利润总额＝营业利润+营业外收入+营业外支出

其中，营业外收入是指企业发生的、与日常经营活动无直接关系的各项利得；营业外支出是指企业发生的、与日常经营活动无直接关系的各项费用或损失。

（3）净利润

净利润＝利润总额–所得税费用

其中，所得税费用是指企业确认的、应从当期利润总额中扣除的所得税费用。

【实账处理】——公司将2018年11月份的营业收入转入利润

贤力公司2018年11月份销售产品实现的收入为5 000 000元，销售原材料和包装物等实现收入102 000元，11月30日，公司将营业收入结转至本年利润。公司应做如下账务处理。

借：主营业务收入　　5 000 000

　　其他业务收入　　102 000

　　贷：本年利润　　5 102 000

老板到底有多少钱——所有者权益的核算

所有者权益是指企业资产扣除负债后由所有者享有的剩余权益，其含义就是企业的所有资产，除向外借入的借款外，都是所有者应当拥有的。公司所有者权益又称为股东权益。

实收资本的核算

实收资本是指企业按照章程规定或合同、协议约定，接受投资者投入企业的资本。实收资本的构成比例或股东的占股比例是确定所有者在企业所有者权益中份额的基础，也是企业进行后续利润分配的主要依据。

我国的《公司法》规定，在有限责任公司中，以生产经营或商品批发为主的，其注册资本不得少于50万元；以商业零售为主的，其注册资本不得少于30万元；科技开发、咨询或服务性公司，其注册资本不得少于10万元；而针对股份有限公司，其注册资本的最低限额为1000万元。股东可以用货币出资，也可以用实物、知识产权、土地使用权或技术入股等方式作价进行投资。

（1）公司接受货币资产投资

当企业接受投资者以货币资产进行投资时，以实际收到的货币资产为准，借记“库存现金”或“银行存款”科目，贷记“实收资本”科目。

【实账处理】——甲公司接受A投资者的现金投入

甲公司在成立时，A投资者以现金的形式向甲公司投入资金200 000元，成为甲公司的股东。甲公司应做如下账务处理。

借：库存现金　　200 000

　　贷：实收资本　　200 000

（2）公司接受实物投资

如果投资者以原材料、房屋、建筑物或机器设备等固定资产的形式对公司进行投资，则应该根据投资各方协商所确定的实物价格作价，计入投资额，借记“原材料”或“固定资产”等科目，贷记“实收资本”科目。

【实账处理】——甲公司接受乙公司的实物投资

甲公司在成立时，乙公司决定以投入原材料和设备的形式向甲公司进行投资，经过协商后，甲公司同意了乙公司的投资行为，并确定乙公司投入的原材料价值为150 000元，设备的原值为200 000元，累计折旧10 000元，经评估确认，设备的价值为220 000元。甲公司应做如下账务处理。

借：原材料　　150 000
　　固定资产　　220 000
　贷：实收资本　　370 000

（3）公司接受无形资产投资

如果企业接受投资者的无形资产投资，则应按投资双方所确认的无形资产价值入账，借记“无形资产”科目，贷记“实收资本”科目。

【实账处理】——甲公司接受丙公司的土地使用权投资

甲公司在成立时，丙公司决定以自己名下的一块土地的使用权进行投资，甲公司考虑到自身的发展需求，接受了丙公司的土地使用权投资行为，经确认，该项无形资产的价值为1 000 000元。甲公司应做如下账务处理。

借：无形资产——土地使用权　　1 000 000
　贷：实收资本　　1 000 000

资本公积的核算

资本公积是企业收到的投资者出资额超出注册资本的部分和其他资本公积等。资本公积的变动应通过“资本溢价”、“股本溢价”和“其他资本公积”等明细科目进行核算。

（1）资本溢价（股本溢价）

除股份有限公司以外的其他类型的企业在创立时，投资者的出资额与注册资本一致，一般不会产生资本溢价，但是企业在经过一段时间的经营后，在企业重组或有新的投资者追加投资时，时常会出现资本溢价的情况。因为企业进行经营后，其资本利润通常要高于企业初创阶段，另外，企业有了一定的内部积累，新投资者加入企业后，对这些积累也要分享，所以新加入的投资者往往要付出大于原来投资者的出资额，才能取得相同的出资比例，这部分多余的投资就形成了资本溢价。

【实账处理】——A有限责任公司接受投资者的投入

A有限责任公司在初创期间，有小李和小王两位投资者，每人各出资100 000元。在经过一段时间的经营后，小张认为A有限责任公司具有很大的发展潜力，遂决定对该公司进行投资。经批准，小张需要缴入现金110 000元，同时享有该公司1/3的股份。A有限责任公司在收到该投资后，应做如下账务处理。

借：银行存款　　110 000

　　贷：实收资本　　100 000

　　　　资本公积——资本溢价　　10 000

股份有限公司是以发行股票的方式进行资本筹集的，它在成立时可能会溢价发行股票，因而在成立时就可能会产生股本溢价。

在按面值（1元）发行股票时，企业发行股票取得的收入应全部作为股本处理；在溢价发行股票的情况下，企业发行股票取得的收入，其股票面值部分作为股本处理，但是超出股票面值的溢价收入就应作为股本溢价进行处理。

【实账处理】——B股份有限公司发行溢价股票

B股份有限公司首次公开发行了普通股5 000 000股，每股面值为1元，每股发行价格为2元。该公司与证券公司约定，按发行收入的3%收取佣金，且从发行股票的收入中扣除。假定收到的股款收入已经全部存入银行。

公司收到证券公司转来的发行收入＝5 000 000 × 2 × (1−3%)

＝9 700 000（元）

股本溢价＝溢价收入−发行佣金=5 000 000 × (2−1)−5 000 000 × 2 × 3%＝4 700 000（元）

B股份有限公司应做如下账务处理。

借：银行存款　　9 700 000

　贷：股本　　5 000 000

　　资本公积——股本溢价　　4 700 000

（2）其他资本公积

企业的长期股权投资采用权益法核算的，在持股比例不变的情况下，对于被投资单位除净损益以外所有者权益的其他变动，企业应按持股比例计算其应享有的份额，借记“长期股权投资——所有者权益其他变动”科目，贷记“资本公积——其他资本公积”科目。

【实账处理】——甲公司所有者权益增加，丁公司应做的会计处理

丁公司拥有甲公司20%的股份，并对甲公司有重大影响，所以决定对甲公司的长期股权投资采用权益法进行核算。经过一段时间的经营后，甲公司除净损益、其他综合收益和利润分配外的所有者权益增加500 000元，丁公司持股比例没有改变，则丁公司应做如下账务处理。

长期股权投资＝500 000 × 20%＝100 000（元）

借：长期股权投资——甲公司　　100 000

　贷：资本公积——其他资本公积　　100 000

盈余公积的核算

盈余公积是企业留存在企业的一部分收益，是为了扩大企业的生产经营以及弥补后期企业可能产生的风险的保障，以提高企业的抗风险能力。盈余公积分为法定盈余公积和任意盈余公积。

按规定，企业的净利润应首先提取法定盈余公积等，然后才能在出资者之间进行分配。根据《公司法》规定，公司制企业应按照净利润的10%提取法定盈余公积。非公司制企业法定盈余公积的提取比例可超过净利润的10%。法定盈余公积累计额已达注册资本的50%时可以不再提取。

企业的任意盈余公积是指企业经股东大会或类似机构批准，按规定的比例从净利润中提取的盈余公积，它的提取比例是可以根据企业自己的需要来决定的。

企业提取的盈余公积经批准可用于弥补亏损、转增资本、发放现金股利或利润等。企业发生亏损，可用发生亏损后5年内实现的税前利润进行弥补，当发生的亏损在5年内仍不足弥补的，应使用随后所实现的所得税后利润进行弥补。

【实账处理】——甲公司经批准用盈余公积弥补亏损

甲公司在2018年发生亏损500 000元，经股东大会批准，决定将以前年度提取的盈余公积用于弥补该亏损。假定不考虑其他因素，甲公司应做如下账务处理。

借：盈余公积　　500 000

　　贷：利润分配——盈余公积补亏　　500 000

当企业提取的盈余公积累积比较多时，可以在经股东大会或类似机构批准后，将多余的盈余公积转增资本，但是留存的盈余公积不得少于注册资本的25%。

【实账处理】——甲公司经批准将盈余公积转增资本

为了扩大经营规模，壮大公司的资本累积，经股东大会批准，甲公司将提取的盈余公积200 000元转增资本。假定不考虑其他因素，甲公司应做如下账务处理。

借：盈余公积　　　　　　　200 000

　　贷：实收资本　　　　　　　200 000

当企业累积的盈余公积比较多，而未分配利润比较少时，为了维护企业形象，给投资者合理的回报，企业可以根据规定用盈余公积进行现金利润或股利的派发。

【实账处理】——甲公司经批准将盈余公积进行股利分派

2018年度甲公司共需要分派400 000元现金股利，其中动用可供投资者分配的利润200 000元，盈余公积200 000元，用银行存款的方式支付。假定不考虑其他因素，甲公司应做如下账务处理。

发放现金股利时。

借：利润分配——应付现金股利　　　200 000

　　盈余公积　　　　　　　　　　200 000

　　贷：应付股利　　　　　　　　　　400 000

支付股利时。

借：应付股利　　　　　　　　　400 000

　　贷：银行存款　　　　　　　　　400 000

未分配利润的核算

利润是企业的经营成果，利润分配关系到企业投资者、债权人、经营者以及职工的切身利益，同时也会影响企业未来的可持续发展能力。未分配利润是指截至当年度累计未分配的利润，包括企业以前累计的尚未分配的利润和当年分配的利润数。未分配利润体现了企业在完成利润分配后的剩余利润，这部分利润可以由企业任意分配。

企业的“未分配利润”是受企业自身的经营者主观因素支配的，但是这一要素又直接影响着企业投资者的切身利益，所以是投资者非常关注的一个问题。

【实账处理】——A公司结转本年发生的亏损

由于电子商务市场的扩大，A公司经营的实体行业遭受重大危机，在2018年度发生亏损2 000 000元，在2018年会计年度终了时，A公司将该亏损进行结转，应做如下账务处理。

借：利润分配——未分配利润　　2 000 000

　　贷：本年利润　　2 000 000

公司也可将本年度的未分配利润用以弥补以前年度发生的亏损。

【实账处理】——甲公司用未分配利润弥补以前亏损

经股东大会批准，甲公司决定将本年度未分配利润200 000元用以弥补上年度的亏损。假定不考虑其他因素，甲公司应做如下账务处理。

借：本年利润　　200 000

　　贷：利润分配——未分配利润　　200 000

核算贤力公司2018年12月销售并结转利润的经济业务

企业生产经营就是为了获取收益，企业的销售业务是维持企业发展最重要的环节，也是账务处理最关键的内容，将收益结转利润是获知企业经营成果的方法。

关于销售业务的综合核算

【例3-1】——公司销售一批方便面给白家好公司

2018年12月2日，公司销售一批方便面给白家好公司，增值税专用发票注明货款为100 000元，增值税税额为16 000元，该批方便面的成本为50 000元，产品已经发出，但是货款尚未收到。公司应做如下账务处理。

发出产品时：

借：应收账款——白家好公司　　116 000

　　贷：主营业务收入　　100 000

　　　　应交税费——应交增值税（销项税额）　　16 000

结转成本时：

借：主营业务成本　　50 000

　　贷：库存商品——方便面　　50 000

【例3-2】——公司销售一批八宝粥给好顾家公司

2018年12月6日，公司销售一批八宝粥给好顾家公司，增值税专用发票注明货款为15 000元，增值税税额为2 400元，该批八宝粥的成本为10 000元，产品一经发出，随即收到好顾家公司开出的一张价值17 400元的商业承兑汇票。公司应做如下账务处理。

发出产品时：

借：应收票据——好顾家公司　　17 400

　贷：主营业务收入　　15 000

　　应交税费——应交增值税（销项税额）　2 400

结转成本时：

借：主营业务成本　　10 000

　贷：库存商品——八宝粥　　10 000

【例3-3】——公司收到白家好公司的货款

公司与老客户一向有现金折扣的优惠政策，现金折扣条件为2/10，1/10,*n*/30（买方必须在30天内付清，10天内付款享受2%的折扣，11～20天内付款享受1%的折扣，20天以上不享受折扣优惠）。白家好公司在2018年12月10日将货款以银行存款的方式全部付清。公司应做如下账务处理。

现金折扣金额＝116 000 × 2%＝2 320（元）

实际收到货款＝116 000-2 320＝113 680（元）

借：银行存款　　113 680

　财务费用　　2 320

　贷：应收账款——白家好公司　　116 000

【例3-4】——公司销售一批矿泉水给利友公司

2018年12月12日，公司销售一批矿泉水给利友公司，开具增值税专用发票价款为30 000元，增值税税额为4 800元。公司应做如下账务处理。

借：银行存款　　34 800

　贷：主营业务收入　　30 000

　　应交税费——应交增值税（销项税额）　4 800

【例3-5】——公司将多余的A添加剂销售给星星公司

2018年12月13日，公司将多余的A添加剂销售给星星公司并取得收入

13 000元，增值税税额为2 080元，该批添加剂的成本为6 400元。款项已存入银行。公司应做如下账务处理。

发出产品时：

借：银行存款　　　　　　　　　　　　　15 080

　　贷：其他业务收入　　　　　　　　　　　13 000

　　　　应交税费——应交增值税（销项税额）　2 080

结转成本时：

借：其他业务成本　　　　　　　　　　　　6 400

　　贷：原材料——A添加剂　　　　　　　　　6 400

关于费用利润的综合核算

【例3-6】——公司因为违约被罚款

2018年12月15日，公司因为产品质量问题被相关部门罚款10 000元，公司以现金的方式支付了该笔罚款。公司应做如下账务处理。

借：营业外支出——罚款　　　　10 000

　　贷：库存现金　　　　　　　　10 000

【例3-7】——公司支付会展摊位租赁费用

2018年12月17日，公司参加了各大食品公司联合筹办的糖酒会活动，以获取自身的发展需求。参加会展活动要向筹办方支付会展展销摊位租赁费2 000元，公司以银行存款支付该笔费用。公司应做如下账务处理。

借：销售费用——摊位租赁费　　　　2 000

　　贷：银行存款　　　　　　　　　　2 000

【例3-8】——公司收到天虹公司的包装物押金

2018年12月18日，公司销售给天虹公司一批海鲜，因为海鲜价值比较高昂，需要经过严格包装后进行运输，所以收取天虹公司包装物押金2 500元。公司应做如下账务处理。

借：库存现金　　　　　　　　　　　　2 500

　　贷：其他应付款——包装物押金　　　　2 500

【例3-9】——公司支付销售部小易的差旅费

2018年12月19日，公司销售部的小易为了洽谈业务去到外地出差，向公司借款4 000元，公司以银行存款的方式向小易工资卡转账。2018年12月21日，小易出差回来后报销差旅费用3 500元，剩余500元以现金的方式归还公司。公司应做如下账务处理。

小易向公司借款时：

借：其他应收款——小易　　　　4 000

　　贷：银行存款　　　　　　　　4 000

小易回公司进行差旅费报销时：

借：管理费用——差旅费　　　　3 500

　　库存现金　　　　　　　　　500

　　贷：其他应收款——小易　　　4 000

【例3-10】——公司将本月的费用、收入结转利润

2018年12月31日，经过核算后，本月公司的主营业务收入为145 000元，主营业务成本为60 000元，财务费用为2 320元，其他业务收入为13 000元，营业外收入为10 000元，其他业务成本为6400元，营业外支出为10 000元，销售费用为25 885（23 885+2 000）元，管理费用为61 700（2 400+4 600+ 31 200+20 000+3 500）元，结转到本年利润账户。公司应做如下账务处理。

结转各项成本时：

借：本年利润　　　　166 305

　　贷：主营业务成本　　　　60 000

　　　　其他业务成本　　　　6 400

　　　　营业外支出　　　　10 000

　　　　销售费用　　　　25 885

　　　　管理费用　　　　61 700

　　　　财务费用　　　　2 320

结转各项收入时：

借：主营业务收入　　　　145 000

　　其他业务收入　　　　13 000

　　营业外收入　　　　10 000

　　贷：本年利润　　　　168 000

将本年利润结转入利润分配时：

利润＝168 000–166 305＝1 695（元）

借：本年利润　　　　1 695

　　贷：利润分配——未分配利润　　　　1 695

提取盈余公积时：

盈余公积＝1 695 × 10%＝169.5（元）

借：利润分配——未分配利润　　　　169.5

　　贷：盈余公积　　　　169.5

结转利润分配时：

借：利润分配——未分配利润　　　　169.5

　　贷：利润分配——盈余公积　　　　169.5

Chapter

04

编制会计凭证是会计做账的基础

OPTIONS

【本章要点】

OPTIONS

【实账处理】

外来原始凭证的填制

企业的对外经济业务是要跟很多企业和单位有所往来的，要想记录这些经济业务的发生，就要从外部获取许多的外来原始凭证，这些外来原始凭证都是本企业会计资料的重要组成部分，所以学习这些外来原始凭证如何填制是一名财务人员必不可少的技能。

支票的填制

支票是指出票人签发的、委托办理支票存款业务的银行在见票时无条件支付确定的金额给收款人或者持票人的票据。支票的基本当事人包括出票人、付款人和收款人。出票人即存款人，是在批准办理支票业务的银行机构开立可以使用支票的存款账户的单位和个人；付款人是出票人的开户银行；收款人是支票的持票人，也可以是经背书转让的被背书人。

（1）支票的种类

支票分为现金支票、转账支票和普通支票。

- **现金支票**：支票上印有“现金”字样的为现金支票，它只能用于支取现金。但是由于企业一般使用支票都是为了支取现金，所以现在企业中最常使用的是现金支票。
- **转账支票**：支票上印有“转账”字样的为转账支票，它只能用于转账。
- **普通支票**：支票上未印有“现金”或“转账”字样的为普通支票，它可以用于支取现金，也可以用于转账。在普通支票左上角划两条平行线的，为划线支票，划线支票只能用于转账，不得支取现金。

（2）支票的填写

因为企业最常使用的是现金支票，所以以现金支票为例进行支票填写的讲解。现金支票的格式如图4-1所示。

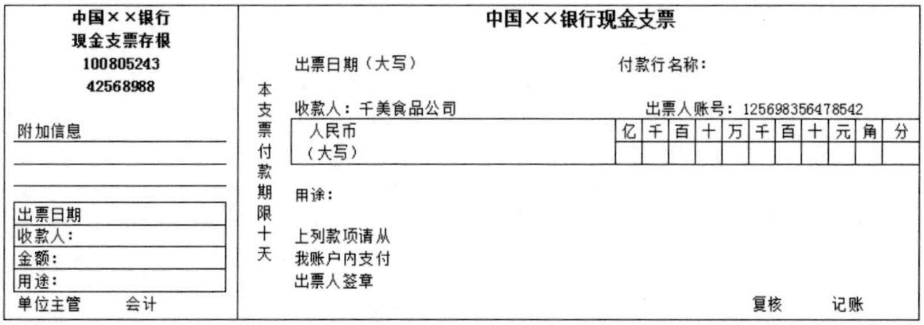
中国××银行
现金支票存根
100805243
42568988
附加信息
出票日期
收款人：
金额：
用途：
单位主管　　会计

中国××银行现金支票
本支票付款期限十天
出票日期（大写）　　付款行名称：
收款人：千美食品公司　　出票人账号：125698356478542
人民币（大写）　　亿 千 百 十 万 千 百 十 元 角 分
用途：
上列款项请从
我账户内支付
出票人签章
复核　　记账

图4-1

填写支票应使用碳素笔或蓝黑墨水笔，将支票上的各要素正确地填写齐全，并在支票上加盖银行预留印章。如表4-1所示为支票各要素的填写规范。

表 4-1

要素	填写规范
出票日期的填写	支票的出票日期必须使用中文大写。为防止变造票据的出票日期，在填写月、日时，月为壹、贰和壹拾，日为壹至玖和壹拾、贰拾及叁拾的，应在其前加零；日为拾壹至拾玖的，应在其前加壹。例如，1 月 15 日应写成“零壹月壹拾伍日”；10 月 20 日应写成“零壹拾月零贰拾日”；11 月 30 日应写成“壹拾壹月零叁拾日”
收款人的填写	现金支票的“收款人”栏可以填写本单位名称，也可填写收款人个人姓名。填写本单位名称时，现金支票背面的“被背书人”栏内需要加盖本单位的财务专用章和法人章，之后收款人可凭现金支票直接到开户银行提取现金；若填写的是个人姓名，此时现金支票的背面不需要加盖签章，只需在支票背面填写收款人身份证号码和发证机关名称，凭身份证和现金支票签字领取款项即可
付款行名称、出票人账号的填写	为本单位的开户银行名称及银行账号

续表

要素	填写规范
人民币的填写	人民币金额的填写必须为中文大写，并且在金额前标明“人民币”字样，大写金额紧接“人民币”字样后填写，不得留有空白，书写要规范。在填写人民币小写金额时，最高金额的前一位空白格用“¥”字头封顶，数字填写要求完整清楚。例如，¥23510，应写成“人民币贰万叁仟伍佰壹拾元整”；¥23510.45，应写成“人民币贰万叁仟伍佰壹拾元肆角伍分”
用途的填写	现金支票的用途有一定限制，一般填写“备用金”、“差旅费”、“工资”或“劳务费”等
加盖印章的规定	支票正面盖财务专用章和法人签章，缺一不可，印泥为红色，印章必须清晰，印章模糊的，只能将本张支票作废，换一张重新填写并盖章
其他注意事项	支票正面不能有涂改痕迹，否则支票作废。受票人如果发现支票填写不全，可以补记，但不能涂改；大小写金额必须填写齐全，且大小写金额必须一致，如有错误，不得更改，应另行签发；其他各栏填错，可在改正处加盖预留印章之一，予以证明；支票的有效期为10天，日期首尾只算1天，节假日顺延；出票人签章应按预留印鉴分别签章，缺漏签章或签章不符时，银行不予受理；作废的支票不得随意丢弃，应由签发单位自行注销，与存根一起保管，在结清销户时连同空白支票一并缴还银行；支票如同现金，将支票遗失就如同将现金遗失，所以会计人员应当小心保管

【实账处理】——公司开出一张现金支票支付货款

2018年10月12日，公司出纳开出一张现金支票支付之前所欠千美食品公司的货款32000元，开出的现金支票如图4-2所示。

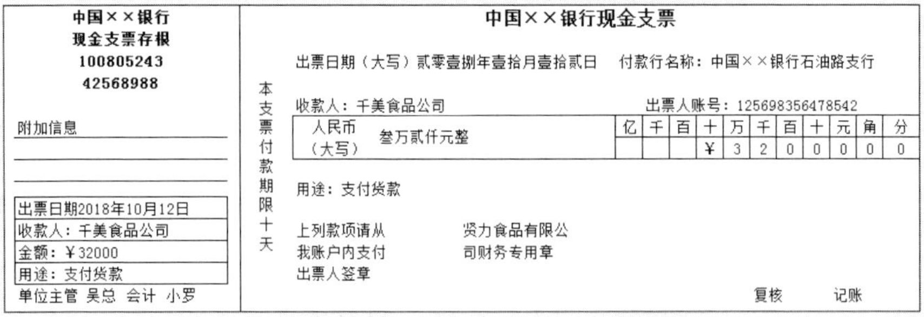
中国××银行
现金支票存根
100805243
42568988
附加信息
出票日期2018年10月12日
收款人：千美食品公司
金额：¥32000
用途：支付货款
单位主管 吴总 会计 小罗

中国××银行现金支票
出票日期（大写）贰零壹捌年壹拾月壹拾贰日 付款行名称：中国××银行石油路支行
本支票付款期限十天
收款人：千美食品公司 出票人账号：125698356478542

人民币（大写）	亿	千	百	十	万	千	百	十	元	角	分
叁万贰仟元整				¥	3	2	0	0	0	0	0

用途：支付货款
上列款项请从我账户内支付 出票人签章
贤力食品有限公司财务专用章
复核 记账

图4-2

银行汇票的填制

银行汇票是出票银行签发的，由其在见票时按照实际结算金额无条件支付给收款人或者持票人的票据，出票银行为银行汇票的付款人。

银行汇票可以用于转账，而填明“现金”字样的银行汇票也可以用于支取现金。单位和个人的各种款项结算均可以使用银行汇票。银行汇票的格式如图4-3所示。

中国××银行
银行汇票

付款期限 壹个月

出票日期（大写）

代理付款行： 行号：

收款人：	账号：
出票金额	人民币（大写）

实际结算金额	人民币（大写）	千	百	十	万	千	百	十	元	角	分

图4-3

银行汇票基本联次是一式四联，各联次必须按以下规定用途使用：第一联为卡片，由出票银行留存；第二联为银行汇票，交汇票申请人；第三联为银行汇票解讫通知，交汇票申请人；第四联为多余款项收账通知，汇款单位在收到银行退回的汇票多余款时作为记账凭证。银行汇票的出票日期必须大写。

【实账处理】——公司开出一张银行汇票支付货款

2018年10月15日，公司出纳开出一张银行汇票支付之前所欠美雅有限公司的货款120000元。所开出的银行汇票如图4-4所示。

中国××银行
银行汇票

付款期限 壹个月

出票日期（大写） 贰零壹捌年壹拾月壹拾伍日

代理付款行：工商银行 行号：

收款人：美雅有限公司 账号：100855321689745

出票金额 人民币（大写） 壹拾贰万元整

实际结算金额	人民币（大写）	壹拾贰万元整	千	百	十	万	千	百	十	元	角	分
				¥	壹	贰	零	零	零	零	零	零

图4-4

银行本票的填制

本票是指出票人签发的，承诺自己在见到票据时无条件支付本票金额给收款人或者持票人的票据。银行本票可以用于转账，但是注明“现金”字样的银行本票也可以用于支取现金。单位和个人在同一票据交换区域需要支付各种款项的，均可以使用银行本票。银行本票的样式如图4-5所示。

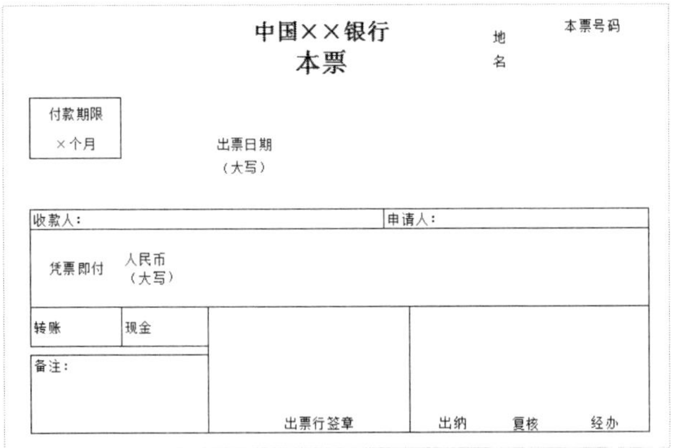

中国××银行
本票

地名 本票号码

付款期限 ×个月

出票日期（大写）

收款人： 申请人：

凭票即付 人民币（大写）

转账 现金

备注：

出票行签章

出纳 复核 经办

图4-5

定额本票规定为单联式，由签发银行盖章后交给银行本票申请人以办理转账结算或取现。不定额本票规定为一式两联，各联次必须按规定用途使用：第一联为卡片，由出票银行留存；第二联为银行本票，由签发银行盖章后交给银行本票申请人。银行本票的出票日期必须大写。

【实账处理】——公司开出一张银行本票支付货款

2018年10月18日，公司出纳开出一张银行本票支付之前所欠泰和有限公司的货款143528元。所开出的银行本票如图4-6所示。

中国××银行
本票
地名
本票号码
付款期限 贰个月
出票日期（大写） 贰零壹捌年壹拾月壹拾捌日
收款人：泰和有限公司
申请人：贤力食品有限公司
凭票即付 人民币（大写） 壹拾肆万叁仟伍佰贰拾捌元整
转账 【√】 现金
备注：
出票行签章
出纳：小刘 复核 经办

图4-6

商业汇票的填制

商业汇票是由出票人签发的，委托付款人在指定日期无条件支付确定的金额给收款人或者持票人的票据。商业汇票根据承兑人的不同分为商业承兑汇票和银行承兑汇票。商业承兑汇票由银行以外的付款人承兑（付款人为承兑人），银行承兑汇票由银行承兑。商业汇票一般有3个当事人，即出票人、收款人和付款人。银行承兑汇票和商业承兑汇票的格式分别如图4-7和图4-8所示。

银行承兑汇票

出票日期（大写）

付款人	全称		收款人	全称	
	账号			账号	
	开户银行			开户银行	
出票金额	人民币（大写）				亿 千 百 十 万 千 百 十 元 角 分
汇票到期日（大写）			付款行	行号	
承兑协议编号				地址	
出票人签章			备注：	复核：	记账：

图4-7

商业承兑汇票

出票日期（大写）

付款人	全称		收款人	全称	
	账号			账号	
	开户银行			开户银行	
出票金额	人民币（大写）				亿 千 百 十 万 千 百 十 元 角 分
汇票到期日（大写）			付款行	行号	
交易合同号码				地址	
承兑人签章			备注：		

图4-8

银行承兑汇票的基本联次为一式三联，各联次有各自的用途：第一联为银行记账使用；第二联交收款单位，收款单位到期存入银行；第三联用于出票人存查。银行承兑汇票的出票日期必须大写。商业承兑汇票的基本联次为一式三联，各联次也有各自的用途，必须按照规定使用：第一联由承兑人留存；第二联交收款单位，收款单位到期存入银行；第三联为出票人存查记账使用。商业承兑汇票的出票日期也须大写。

【实账处理】——公司开出一张银行承兑汇票支付货款

2018年10月20日，公司出纳开出一张2018年11月30日到期的银行承兑汇票，支付之前所欠金仁有限公司的货款82320元。所开出的银行承兑汇票如图4-9所示。

银行承兑汇票

出票日期（大写）　贰零壹捌年壹拾月贰拾日

付款人	全称	贤力食品有限公司	收款人	全称	金仁有限公司
	账号	6217003810087850000		账号	6288598642135690000
	开户银行	中国××银行洞府路支行		开户银行	中国××银行大子路支行
出票金额	人民币（大写）	捌万贰仟叁佰贰拾元整	亿千百十万千百十元角分		¥ 捌 贰 叁 贰 零 零 零
汇票到期日（大写）		贰零壹捌年壹拾壹月叁拾日	付款行	行号	424548
承兑协议编码		750004882		地址	××市××区洞府路333号
本汇票请你行承兑，到期无条件付款　出票人签章			本汇票已经承兑，到期日由本行付款。承兑行签章		
			备注：		复核：小刘　记账：小罗

图4-9

差旅费报销单的填制

差旅费报销单是出差人员出差后向公司进行报销的有效单据，所以必须填制正确且符合相关规定。差旅费报销单的格式如图4-10所示。

差旅费报销单

部门：　　　　　　年　月　日　　　　　　金额单位：元

出差人：

出发			到达			交通工具	车船费		出差补贴		项目	单据张数	金额
月	日	地点	月	日	地点		单据张数	金额	天数	金额	车船费和出差补贴		
											住宿费		
											市内交通		
											办公用品费		
											其他		
报销金额（大写）						¥：					合计金额		

部门负责人：　　　　财务负责人：　　　　出纳：

图4-10

差旅费报销单的填写主要有如下几个方面的规定。

◆ **部门：**填写出差人所在部门。

◆ **日期**：填写报销单填制当天的时间。

◆ **出差人**：填写实际出差人姓名。

◆ **出差事由**：填写本次出差需要达到的目的。

◆ **到达地点**：填写本次出差的目的地。

◆ **项目金额**：按实际乘坐的交通工具和发生的费用，根据所提供的单据填写。

◆ **合计金额**：填写实际发生的金额合计，左边为大写金额，右边为小写金额。

◆ **原借款金额**：填写预先向公司请款的金额。

◆ **报销金额**：填写实际发生的差旅金额，并提供相应的单据。

【实账处理】——公司业务员李文出差报销差旅费

2018年10月25日，业务员李文到江苏苏州出差进行市场调查，填制差旅费报销单对本次的出差进行报销。所填制的差旅费报销单如图4-11所示。

差旅费报销单

部门：业务部　　2018年 10 月 25 日　　金额单位：元

出差人：李文

出发			到达			交通工具	车船费		出差补贴		项目	单据张数	金额
月	日	地点	月	日	地点		单据张数	金额	天数	金额	车船费和出差补贴	8	2933
10	22	成都	10	22	苏州	飞机	2	1300	1	100	住宿费	2	452
10	23	苏州	10	23	上海	高铁	1	79	1	100	市内交通	5	182
10	24	上海	10	24	成都	飞机	2	1254	1	100	办公用品费		
							6	2633	3	300	其他	4	101
报销金额（大写）			叁仟陆佰捌拾捌元整			￥：3668.00					合计金额	3668	

部门负责人：张丹　　财务负责人：李素　　出纳：小刘

图4-11

增值税专用发票的填制

增值税专用发票是由国家税务总局监制设计印制的，只限于增值税一般纳税人领购使用的，既作为纳税人反映经济活动中的重要会计凭证，又是兼记销货方纳税义务和购货方进项税额的合法证明，是增值税计算和管理中重要的、合法的决定性专用发票。增值税专用发票格式如图4-12所示。

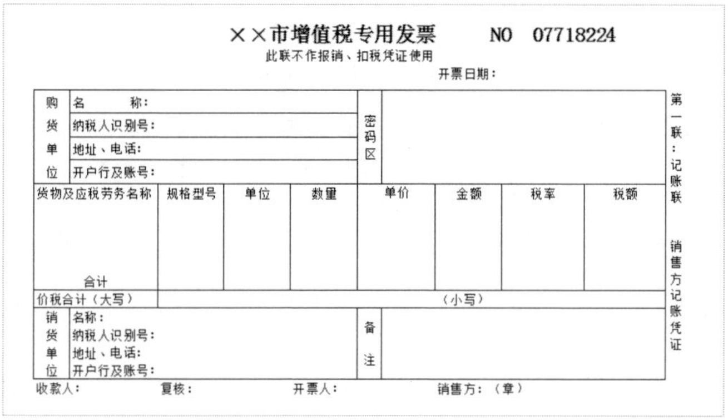

××市增值税专用发票　　NO　07718224

此联不作报销、扣税凭证使用

开票日期：

购货单位	名　称： 纳税人识别号： 地址、电话： 开户行及账号：			密码区				第一联：记账联　销售方记账凭证
货物及应税劳务名称	规格型号	单位	数量	单价	金额	税率	税额	
合计								
价税合计（大写）				（小写）				
销货单位	名称： 纳税人识别号： 地址、电话： 开户行及账号：			备注				

收款人：　　复核：　　开票人：　　销售方：（章）

图4-12

增值税专用发票由基本联次或者基本联次附加其他联次构成，基本联次为三联。

- **第一联记账联**：是销货单位的记账凭证，是销货单位销售产品的原始凭证，用其进行记账。
- **第二联抵扣联**：是购货单位的扣税凭证，由购货单位交给税务机关认证并进行税款抵扣。
- **第三联发票联**：是购货单位的记账凭证，是购货单位购买产品的原始凭证，用其进行记账。

现在的大型企业都是将进销存软件与金税系统进行结合，直接由软件导出生成发票，但仍有很多企业手工开具发票。现在将填制增值税专用发票的规范进行讲解，如表4-2所示。

表 4-2

栏次	填写内容和规范
“购货单位”栏	填写购货单位的合格全称、纳税人识别号、详细地址、电话号码以及开户银行和账号

续表

栏次	填写内容和规范
“货物及应税劳务”信息栏	填写销售货物或提供应税劳务的名称、型号、单位、数量、单价、金额、税率以及税额。若销售的货物或应税劳务的品种过多，无法在一张增值税专用发票上反映，则可以以“销售清单”的形式附带在该增值税专用发票上，明确增值税专用发票的详细信息
“价税合计”栏	填写增值税专用发票的价款和税款的合计金额，大写金额要以中文形式填写，小写要用“¥”符号封顶，再以阿拉伯数字的形式填写金额
“销货单位”栏	填写销货单位的相关信息，填写规则与“购货单位”的填写规则相同
“备注”栏	一般用于发票作废时，财务人员在此栏中用蓝黑墨水笔标注“作废”字样
“收款人”信息栏	填写销货单位的收款人姓名
“复核”信息栏	填写销货单位复核此发票的人员姓名
“开票人”信息栏	填写销货单位的开票员姓名
“销货方（章）”信息栏	加盖销货单位的发票专用章

值得注意的是，开具增值税专用发票时要求项目齐全，与实际交易相符；字迹清楚，不得压线、错格，特别是“密码区”不能进行涂抹，信息不能压“密码区”；发票联和抵扣联都必须加盖发票专用章；按照增值税纳税义务的发生时间开具，发票必须连同货物一同送达购货单位。对不符合这些要求的发票，购货方有权拒收。发生退货需要开具红字增值税专用发票时，必须由购货方提供“退货说明”，在税控系统中填写“红字发票信息表”方可开具红字发票。

【实账处理】——公司销售一批葡萄酒并开具增值税专用发票

2018年10月30日，公司销售一批葡萄酒给北京市德勤酒业有限公司，这批葡萄酒共计8000瓶，单价为25元，增值税税率为16%。公司开具的增值税专用发票如图4-13所示。

××市增值税专用发票　　NO　07718224

此联不作报销、扣税凭证使用

开票日期：

购货单位	名　称：北京市德勤酒业有限公司 纳税人识别号：25698754325986423× 地址、电话：北京市东城区××路125号 0102365987 开户行及账号：北京市××银行××支行 625897865468			密码区				第一联：记账联　销售方记账凭证
货物及应税劳务名称	规格型号	单位	数量	单价	金额	税率	税额	
葡萄酒	455ML	瓶	8000	25.00	200000.00	16%	32000.00	
合计					200000.00		32000.00	
价税合计（大写）	贰拾叁万贰仟元整				（小写）	232000.00		
销货单位	名称：贤力食品有限公司 纳税人识别号：102200154605 地址、电话：成都市××区南双街144号 开户行及账号：中国××银行××支行 6217003810087850000			备注				

收款人：　　复核：　　开票人：小罗　　销售方：（章）

图4-13

自制原始凭证的填写

企业内部的经营管理和流程监督都需要自制原始凭证的支持，比如员工领取款项、货物的入库和出库及部门领用原材料等经济活动都要凭借自制原始凭证进行。若企业自制原始凭证的要求不规范、不准确，则会给企业带来不小的经济隐患。

现金交款单的填制

现金交款单是单位去银行账户上（本单位或其他单位的银行账户）存现金时填写的凭证，适用于企业客户，具有法律效力。

如果是存入银行的对公账户，则不管是谁存的，现金交款单（有银行印章的）可以作为银行存款入账依据。现金存入银行没有收款凭证的，“现金交款单”就是银行的收款凭证。现金交款单的格式如图4-14所示。

中国××银行

现金交款单

币别：　　　　　　　　　　年　　月　　日

单位填写	收款单位		交款人												
	账　　号		款项来源												
	（大写）			亿	千	百	十	万	千	百	十	元	角	分	
银行确认栏	银行签章：														

图4-14

现金交款单一般为一式两联：第一联银行加盖相关印章后退给单位作为回单；第二联加盖相关印章作为银行的记账凭证，装订入传票。现金交款单的填写规范如下。

- **日期**：填写办理当天的日期。
- **“单位填写”栏**：填写收款单位的全称（不能是简称）、交款人的姓名、收款单位的账号以及款项的实际来源。金额处用中文大写填写金额，阿拉伯数字填写金额的小写栏目。
- **银行确认栏**：此栏是银行确认收款后填写相关信息的地方，办理人不用填写。

【实账处理】——公司出纳到银行存进一笔货款

2018年11月1日，公司出纳小刘到银行存进当天收到的一笔货款30000元，填写的现金交款单如图4-15所示。

中国××银行

现金交款单

币别：人民币　　　　　　　2018 年 11 月 1 日

单位填写	收款单位	贤力食品有限公司	交款人	小刘										
	账　　号	621700381008785000	款项来源	收到的货款										
	（大写）	叁万元整	亿	千	百	十	万	千	百	十	元	角	分	
						¥	叁	零	零	零	零	零	零	
银行确认栏	银行签章：													

图4-15

收款收据的填制

收款收据是企业在经济活动中最常使用的原始凭证之一，是企业收取款项的有效证据，加盖本单位财务专用章即证实企业收到此款项，可用于企业入账，但是不可作为应税业务的有效证明。收款收据的格式如图4-16所示。

收款收据

交款单位：　　　　　　　　　　　　　　　　　　年　月　日

名称	单位	数量	单价	金额									备注
				百	十	万	千	百	十	元	角	分	
合计人民币（大写）	佰　拾　万　仟　佰　拾　元　角　分												¥：

收款人：　　　　　　会计：　　　　　　收款单位：

图4-16

收款收据一般为一式三联：第一联为存根联，由开票人保管：第二联为代收款凭证单，为开具收款收据企业会计做账的依据，第三联为收据联，交给付款单位，作为交款的证据，用于交款单位入账。收款收据的填写规范如下。

- **交款单位**：填写交款单位的全称。如果是个人行为，则填写交款人的姓名。
- **日期**：填写收取或付出款项当天的日期。
- **项目栏**：填写货物或者项目的名称、单位、数量、单价以及金额，金额以阿拉伯数字的形式准确地填写在方框内。
- **合计人民币**：填写实际（共计）收到的金额大写，在“¥”符号后填写合计金额的阿拉伯数字（小写）。
- **收款人**：由实际收款人签名。
- **会计**：由收款方会计签名。

◆ **收款单位**：加盖收款单位的公章。

【实账处理】——公司出纳收到一笔现金货款

2018年11月3日，公司出纳小刘收到众泰有限公司缴纳的一笔现金货款20300元，是当天销售的重100kg、单价为203元的海鲜货款，随即开具了收款收据给对方，填写的收款收据如图4-17所示。

收款收据

交款单位：众泰有限公司　　　　2018 年 11 月 3 日

名　称	单位	数量	单价	金额									备注
				百	十	万	千	百	十	元	角	分	
海鲜	kg	100	203		¥	贰	零	叁	零	零	零	零	
合计人民币（大写）	× 佰 × 拾 贰 万 零 仟 叁 佰 零 拾 零 元 零 角 零 分　¥：20300.00												

收款人：小刘　　　　会计：小罗　　　　收款单位：

图4-17

借款单的填制

借款单是企业根据自己的业务特点自行设计的格式化的内部管理票据，用作内部人员借取公司款项的有效证据，其格式如图4-18所示。

借　款　单

资金性质：　　　　年　　月　　日

借款部门				
借款理由				
借款数额	人民币（大写）			¥：
本单位负责人意见		会计主管人员		付款记录：

图4-18

借款单一般为一式三联：第一联为付款联；第二联为报销联；第三联为借款人备查联。借款单的填写有如下规定。

- **资金性质**：一般填写“现金”，因为企业的借款一般是以“库存现金”的形式发放的。
- **日期**：填写借款当天的日期。
- **借款部门**：一般填写借款的个人姓名以及部门名称。
- **借款理由**：填写此次借款的实际用途。
- **借款数额**：填写借款的人民币大写，在“¥”符号后面填写金额的小写形式。
- **本单位负责人意见**：由单位负责人签名。
- **领导指示**：一般是部门领导进行借款行为的批示。
- **会计主管人员**：是企业会计主管人员洞察资金情况以及对该笔款项的审批。
- **付款记录**：由出纳人员填写付款的日期等信息。

【实账处理】——后勤人员向公司借款购买涂料

2018年11月5日，公司后勤人员小赵需要购买一批涂料对工厂区进行车位画线，遂填写借款单，并在出纳小刘处借款4000元，填写的借款单如图4-19所示。

借　款　单

资金性质：现金　　　　　　　　　　　　2018 年 11 月 5 日

借款部门	后勤部				
借款理由	购买涂料，对工厂进行车位划线				
借款数额	人民币（大写）肆仟元整				¥：4000.00
本单位负责人意见		会计主管人员		付款记录：	

图4-19

入库单、出库单的填制

入库单是对采购实物入库数量的确认，也是对采购人员和供应商的一种监控。如果缺乏对实物入库的控制，就不能防止采购人员与供应商串通舞弊、虚报采购量及实物短少的风险。它是企业内部管理和控制的重要凭证，也是企业货物入库时入账所需的材料。

出库单是企业将货物调离本企业仓库时填写的原始凭证，可以有效地监控货物的出库情况，也可以作为企业货物出库时入账的原始凭证。其实出库单也就是商家和商家之间互相调货的凭证。入库单和出库单的格式分别如图4-20和图4-21所示。

入 库 单

年 月 日 供应商：

编码	品名	品牌、型号、规格	单位	数量	单价	金额	附注
合计							

采购员： 验货员： 仓管员：

图4-20

出 库 单

科目		年 月 日 对方科目：											
名称	单位	数量	单价	金额									用途或原因
				百	十	万	千	百	十	元	角	分	

主管： 会计： 保管员： 经手人：

图4-21

入库单一般为一式三联：第一联由仓库验收人员留底；第二联用于仓

库保管员据以登记明细账；第三联连同发票交给财务人员办理结算使用。入库单一般由仓库保管员填制，重点关注收到货物的品名、数量、单价和金额等内容。

出库单由仓库负责人填写，其填写方法和入库单的填写方法相同。仓库审核发出产成品后，将其第三联交由财务部门，据以核算产成品的发出和产品销售成本。

【实账处理】——公司购入一批面粉，发出一批烤鸭

2018年11月8日，公司从华康面粉厂购入一批重200kg、单价为10元的面粉，由后勤小赵验收入库。当天发出一批重40kg、单价为43元的烤鸭。填写的入库单和出库单如图4-22和图4-23所示。

入　库　单

2018 年 11 月 8 日　　　　供应商：华康面粉厂

编码	品名	品牌、型号、规格	单位	数量	单价	金额	附注
1005	面粉	洁元牌	kg	200	10	2000	
合计				200	10	2000	

采购员：小李　　　　验货员：小赵　　　　仓管员：小赵

图4-22

出　库　单

科 目　库存商品　　2018 年　11　月　8　日　　对方科目：主营业务成本

名　称	单位	数量	单价	金额									用途或原因
				百	十	万	千	百	十	元	角	分	
烤鸭	kg	40	43			¥	壹	柒	贰	零	零	零	发出货品

主管：　　　　会计：　　　　保管员：小赵　　　　经手人：小赵

图4-23

领料单的填制

领料单是由领用材料的部门或者人员（简称领料人）根据所需领用材料的数量填写的单据。领料单一般采用一次凭证进行登记，它是企业对原材料的有效控制。领料单的格式如图4-24所示。

领　料　单

领用部门：　　　　年　月　日　　　　第　号

编码	品名	单位	数量	单价	金额	备注

财务：　取单：　发货：　制单：

图4-24

领料人凭借领料单到仓库领取所需材料时，如实填写品名、单位和数量等信息，然后由库存管理人员确认并出具出货单，领料人方可领取材料。领料单一般为一式三联：第一联为存根联，留领料部门备查；第二联为记账联，留财务部门作为出库材料核算的依据；第三联为保管联，留仓库作为记材料明细账的依据。

【实账处理】——公司后勤部小赵领用涂料

2018年11月10日，公司后勤部小赵领用11月5日购买的涂料，对工厂车位进行画线，本次领用涂料10kg，单价为158元，填写的领料单如图4-25所示。

领　料　单

领用部门：后勤部　　2018 年　11 月　10　日　　第　号

编码	品名	单位	数量	单价	金额	备注
10230	涂料	kg	10	158	1580	车位划线

财务：　取单：　发货：　制单：　小赵

图4-25

票据是否合规——原始凭证的审核

填写原始凭证的不一定是财务人员，所以在原始凭证入账时，由财务人员对原始凭证进行审核，看填制是否符合相关规定，以保证原始凭证的合理性和合法性。

原始凭证的审核内容和审核方法

原始凭证的审核是进行会计记账最初的环节，虽然并不是账务处理的环节，但却是后续账务处理是否准确的重要保障。审核时主要明确原始凭证的审核内容和审核方法。

（1）原始凭证的审核内容

由于审核原始凭证是对经济业务进行的事前监督，因而它也是实行会计监督的一个重要手段。为了正确地反映和监督各项经济业务，保证核算资料的真实、正确和合法，会计部门和经办业务的有关部门必须对会计凭证，特别是对原始凭证进行严格认真的审核。各种原始凭证，除由经办业务的有关部门审核以外，最后要交由会计部门统一进行审核。原始凭证审核的内容包括如表4-3所示的6个方面。

表 4-3

内容	详解
真实性	原始凭证作为会计信息的基本信息源，其真实性对会计信息的质量具有决定性的影响。对原始凭证真实性的审核主要包括凭证日期是否真实、业务内容是否真实、数据是否真实等。对于外来原始凭证，必须有填制单位公章和填制人员签章；对于自制原始凭证，必须有经办部门和经办人员的签名或盖章。此外，对通用原始凭证还应审核凭证本身的真实性，以防假冒

续表

内容	详解
合法性	审核所发生的经济业务是否符合国家有关规定的要求，有无违反财经制度的现象；原始凭证中所列的经济业务事项是否真实，有无弄虚作假的情况。若在审核原始凭证时发现有多计或少计收入、费用，擅自扩大开支范围、提高开支标准，巧立名目、虚报冒领、滥发奖金和津贴等违反财经制度和财经纪律的情况，不仅不能作为合法的原始凭证，而且要按规定进行处理
合理性	主要审核原始凭证所记载的经济业务是否符合企业生产经营活动的需要，是否符合有关的计划和预算等
完整性	主要审核原始凭证的格式是否符合规定要求、各项要素是否齐全、内容是否完整、有关人员签章是否齐全，以及凭证联次是否正确等。如果手续不完备，则应由经办人员补办
正确性	主要审核原始凭证各项数字金额的计算及填写是否正确，大小写金额是否一致，数字和文字的书写是否清楚，有无刮、擦、挖、补、涂改或伪造等现象
及时性	及时性是保证会计信息质量的基础，原始凭证的传递需要及时、有效。审核时应注意审查原始凭证的填制日期和签发日期等

（2）原始凭证的审核方法

审核原始凭证的方法主要有以下几种。

- **审原始凭证的票面**：看有无涂改的痕迹，如果有，则要认真盘查，防止把别的原始凭证拿来报销，或者小数改大数。
- **审出具原始凭证的单位名称**：一看与本单位有无经济业务关系；二看原始凭证名称与经济内容是否相符；三看原始凭证内容与售货单位的经营范围是否吻合。
- **审原始凭证的抬头**：看所填单位名称是否是本单位，防止把私人或者其他单位的购货原始凭证拿来报销。
- **审原始凭证的数字**：看数量乘以单价是否等于总金额；看大小写金额是否一致；看小写金额前面是否有“¥”字样，大写金额前面是否顶格。若有差错，一定要查清缘由。

◆ **审原始凭证所开物品价格**：看与以往所购同种物品是否相同，如果相差过大，则应及时查明原因。

◆ **审原始凭证的编号**：看有无连号现象，防止把别人的原始凭证拿来报销。

◆ **审原始凭证开出的时间**：一看是否有同一经济内容、同一金额的原始凭证在相近时间内出现，防止重复报账；二看原始凭证之间在时间和内容上的内在联系，如购买大件商品与其运费发生的时间是否前后相距太远等。

◆ **审原始凭证的印章**：一看有无财政或税务部门监制章；二看有无售货单位的财务专用章；三看有无经手人签章。只有印章齐全，才能报销。

◆ **审原始凭证的报销手续**：看有无经手人、验收人、批准人签字。若没有，则应先补齐手续。

原始凭证的更正

原始凭证的真实性和正确性是会计做账的基础，所以在审核原始凭证之后，如果发现原始凭证有错误，就应该对原始凭证进行更正。更正的方法有如下几种。

◆ 原始凭证不能随意涂改，填写有误的，要使用正确的改错方法更正，不得涂改、刮擦、挖补或用褪色水改。

◆ 更正处应当加盖开出单位的公章。

◆ 对于文字发生错误的原始凭证，应退回原开出单位重开，或在错误处进行更正，并在更正处加盖更正单位公章及相关人员名章。

◆ 对于数字发生错误的原始凭证，必须退回原开出单位重开，不可在原错误处更正。

关于原始凭证的答疑解惑

原始凭证的种类在实际工作中是非常多样的，也是财务人员进入会计角色最初接触到的财务凭证。现在归纳一些在实际工作中最容易遇到的疑惑，并对这些疑惑进行解答。

（1）所有的报销凭证是不是必须有老板的签字

这个问题不能一概而论，具体要看企业的规模、组织形式和内控要求等。在大中型企业里，一般管理规范或进行预算管理，企业有比较规范的分级授权制度，财务报销等一般会按照分级授权制度办理，不可能所有的财务报销都由老板签字。

同时，在管理规范的企业里，一般还会分预算内和预算外支出，二者的签批程序也是不同的。而在小型私营企业里，老板出于对企业的把控，通常会规定没有老板的签字一律不能报销。

（2）有些特殊票据是否能作为记账的原始凭证

财务人员在见到一些比较特殊的票据时，无法确定是否能作为记账依据。所谓特殊票据，就是除税务发票以外，国家或税法认可使用的票据，具体包括：政府财政部门的非税收入专用收据、军队与武警使用的收据、医院与学校使用的收据、银行收费凭据、邮政部门收费凭据、铁路收费凭据（含火车票）以及航空公司收费凭据（含机票）等。这些票据是可以作为记账的原始凭证的。

（3）是不是只有正式发票才能税前扣除

企业所得税法及其实施细则等并未规定必须有正式发票才能税前扣除。涉及税前扣除的规定有很多，但是规定必须有正式发票才能税前扣除的，是多数情况下涉及货物或劳务相关的增值税应税范围。

比如，成本耗用的存货要能得到税前扣除，外购的应该有正式发票；发生的费用支出，如果属于增值税的应税范围，就必须有正式发票。如果涉及的成本费用支出不属于增值税的应税范围，则不需要正式发票。

（4）是不是只有正式发票才能做账

会计核算的一个重要职责就是真实反映经济业务，有些经济业务是不需要发票的，也无法获得发票。比如为员工发放工资这项支出，企业无法在员工处获取正式发票，但是企业必须对这项支出做账。

填制贤力公司2018年12月发生经济业务的原始凭证

企业的原始凭证是登记记账凭证和会计账簿的基础，也是企业发生部分经济活动的有效凭据，所以其填写必须规范。下面以第2章和第3章综合案例中贤力公司2018年12月发生的部分经济业务需要填写的原始凭证为例进行讲解。

【例2-1】对应填制的现金交款单如图4-26所示。

中国××银行

现金交款单

币别：人民币　　　　2018 年 12 月 1 日

单位填写	收款单位	贤力食品有限公司	交款人	小刘											
	账　　号	6217003810087850000	款项来源	银行借款											
	（大写）	壹拾伍万元整		亿	千	百	十	万	千	百	十	元	角	分	
						¥	壹	伍	零	零	零	零	零	零	
银行确认栏	银行签章：														

图4-26

【例2-4】对应填制的收款收据如图4-27所示。

收款收据

交款单位：××市××区政府　　　　2018 年 12 月 6 日

名　　称	单位	数量	单价	金额									备注
				百	十	万	千	百	十	元	角	分	
					¥	壹	零	零	零	零	零	零	当地政府扶持基金
合计人民币（大写）	× 佰 × 拾 壹 万 零 仟 零 佰 零 拾 零 元 零 角 零 分　¥：10000.00												

收款人：小刘　　　　会计：小罗　　　　收款单位：

图4-27

【例2-5】对应填制的入库单如图4-28所示。

入　库　单

2018 年　12　月　10　日　　　　供应商：宏云公司

编码		品名		品牌、型号、规格		单位	数量	单价	金额	附注
1002		A添加剂		mg/g		g	2000	10	20000	
1003		B添加剂		mg/g		g	1000	13	13000	
采购员	小李	验货人	小王	负责人	小赵	仓管员	小赵	合计	33000	

注：第一联存根，第二联财务，第三联仓库

图4-28

月底，车间耗用A添加剂500元、B添加剂1200元，应填制领料单，具体的填写如图4-29所示。

领　料　单

领用部门：车间　　　　2018 年　12　月　31　日　　　　第　3　号

编码	品名	单位	数量	单价	金额	备注
1001	A添加剂	g	50	10	500	
1002	B添加剂	g	92.3	13	1200	

财务：小罗　　取单：小张　　发货：小赵　　制单：小赵

图4-29

【例3-1】对应填制的出库单如图4-30所示。

出　库　单

科目	库存商品	2018 年　12　月　2　日			对方科目：主营业务成本									
名　称	单位	数量	单价	金额									用途或原因
				百	十	万	千	百	十	元	角	分	
方便面	箱	500	100		￥	伍	零	零	零	零	零	零	发出货品

主管：高姐　　会计：小罗　　保管员：小赵　　经手人：小赵

图4-30

【例3-1】对应填制的增值税专用发票如图4-31所示。

××市增值税专用发票　　NO　07719225

此联不作报销、扣税凭证使用

开票日期：2018年12月2日

购货单位	名　称：白家好公司 纳税人识别号：25698754321258623× 地址、电话：××市××县小北街3号 0803278569 开户行及账号：中国××银行　125897643569878457	密码区	

货物及应税劳务名称	规格型号	单位	数量	单价	金额	税率	税额
方便面	96g*5袋	箱	2500	40	100000	16%	16000
合计					100000		16000
价税合计（大写）	壹拾壹万陆仟元整				（小写）116000.00		

销货单位	名称：贤力食品有限公司 纳税人识别号：102200154605 地址、电话：成都市××区南双街144号 开户行及账号：中国××银行××支行　621700381008785000	备注	

收款人：　　复核：　　开票人：小罗　　销售方：（章）

第一联：记账联　销售方记账凭证

图4-31

【例3-9】对应填制的借款单如图4-32所示。

借　款　单

资金性质：现金　　2018　年　12　月　19　日

借款部门	销售部				
借款理由	洽谈业务，申请用餐费用等				
借款数额	人民币（大写）肆仟元整				￥：4000.00
本单位负责人意见	吴总	会计主管人员	高姐	付款记录：2018年12月19日转小易工资卡	

图4-32

【例3-9】对应填制的差旅费报销单如图4-33所示。

差旅费报销单

部门：销售部　　　　2018年12月21日　　　　金额单位：元

出差人：小易

出发			到达			交通工具	车船费		出差补贴		项目	单据张数	金额
月	日	地点	月	日	地点		单据张数	金额	天数	金额	车船费和出差补贴	5	450
12	19	成都	12	21	南充	汽车	2	150	3	300	住宿费	2	800
											市内交通	12	300
											办公用品费	4	50
											其他	14	1900
报销金额（大写）			叁仟伍佰元整			￥：3500.00（元）					合计金额	3500	

部门负责人：　　　　财务负责人：　　　　出纳：小刘

图4-33

以上将贤力公司2018年12月经济业务涉及的原始凭证单据填制完毕。因为很多业务涉及的原始凭证单据是相同的，所以并没有将每一笔业务的原始凭证都进行填制示范。在现实业务中，每笔经济业务涉及的原始凭证都应当单独填制，这将成为记账凭证的有效凭据。

Chapter
05

原始凭证的“再加工”操作

OPTIONS
【本章要点】

OPTIONS
【实账处理】

白纸黑字要清楚——记账凭证

记账凭证是将原始凭证的数据转化为“会计语言”，就是将企业来自外部和内部的原始凭证按照一定的格式进行会计记录，这种格式我们称为“会计凭证”。只有将原始凭证进行“再加工”，才能成为企业经营活动的经济记录。另外，记账凭证又是最后登记会计账簿的直接依据。

记账凭证的含义

记账凭证又称记账凭单或传票。会计人员将审核无误的原始凭证按照经济业务的内容进行归类，确定会计分录后所填制的会计单据就是记账凭证。在实际工作中，为了便于登记账簿，需要将来自不同单位、不同种类且格式大小不一的大量原始凭证加以归类、整理，填制具有统一格式的记账凭证，确定会计分录并将相关的原始凭证附在记账凭证后面。

登记的记账凭证要包含如下几个基本内容：记账凭证的名称，填制记账凭证的日期，记账凭证的编号，经济业务的内容摘要，经济业务涉及的会计科目和记账方向，经济业务所发生的金额，记账标志，所附原始凭证的张数，会计主管、记账、审核和制单等相关责任人的签章。

需要说明的是，现在多数企业都应用了会计电算化，即利用财务软件进行记账凭证的登记和会计核算。在财务软件内对相关责任人进行权限设置后，相关责任人对记账凭证的每项监管就在财务软件内自动生成。

记账凭证的分类

记账凭证按照其适用的经济业务，可以分为专用记账凭证和通用记账凭证；按照其是否经过汇总，可以分为汇总记账凭证和非汇总记账凭证。

（1）专用记账凭证

专用记账凭证是用来专门记录某一类经济业务的记账凭证。按其记录的经济业务是否与现金和银行存款的收付有关系，又分为收款凭证、付款凭证和转账凭证3种。

- **收款凭证**：用于记录库存现金和银行存款收款业务的记账凭证。它是根据有关现金和银行存款收入业务的原始凭证填制的，是登记现金日记账、银行存款日记账及相关的明细账和总账等账簿的依据，也是出纳人员收款的依据。收款凭证的格式如表5-1所示。

表 5-1

收款凭证

借方科目：　　　　　　　　　年　月　日　　　　　　　　字第　　号

摘要	贷方科目		金额										记账
	总账科目	明细科目	千	百	十	万	千	百	十	元	角	分	√
合计金额													

附件　张

会计主管：　　记账：　　复核：　　制单：　　出纳：

- **付款凭证**：用于记录库存现金和银行存款付款业务的记账凭证。它是根据有关现金和银行存款支付业务的原始凭证填制的，是登记现金日记账、银行存款日记账以及有关明细账和总账等账簿的依据，也是出纳人员付款的依据。付款凭证的格式如表5-2所示。

表 5-2

付款凭证

贷方科目：　　　　　　　　　年　月　日　　　　　　　　字第　　号

摘要	借方科目		金额										记账
	总账科目	明细科目	千	百	十	万	千	百	十	元	角	分	√
合计金额													

附单据　张

会计主管：　　记账：　　稽核：　　制单：　　出纳：

◆ **转账凭证**：用于记录不涉及库存现金和银行存款业务的记账凭证。它是根据有关转账业务的原始凭证填制的，是登记总账和有关明细账的依据。转账凭证的格式如表5-3所示。

表 5-3

转账凭证

年　月　日　　　　　　字第　　号

摘要	总账科目	明细科目	记账✓	借方金额										记账✓	贷方金额									
				千	百	十	万	千	百	十	元	角	分		千	百	十	万	千	百	十	元	角	分
合计																								

附单据　张

会计主管：　　记账：　　出纳：　　审核：　　制单：

（2）通用记账凭证

通用记账凭证是用来记录各种经济业务的记账凭证。这种凭证适用于经济业务和核算内容相对比较简单的企业。

采用通用记账凭证将经济业务所涉及的会计科目全部填列在一张凭证内，借方在前，贷方在后，将各会计科目应借应贷的金额填列在“借方金额”和“贷方金额”栏内，“有借必有贷，借贷必相等”。其格式与转账凭证基本相同，具体格式如表5-4所示。

表 5-4

记账凭证

年　月　日　　　　　　字第　　号

摘要	总账科目	明细科目	记账✓	借方金额										记账✓	贷方金额									
				千	百	十	万	千	百	十	元	角	分		千	百	十	万	千	百	十	元	角	分
合计																								

附单据　张

会计主管：　　记账：　　出纳：　　审核：　　制单：

通用记账凭证按照填列的会计科目是否单一，分为复式记账凭证和单式记账凭证。

- ◆ **复式记账凭证**：将每一笔经济业务事项所涉及的会计科目和相对应的金额填制在同一张会计凭证上。这样可以集中反映一笔经济业务的科目对应关系，可以相对减少凭证纸张的使用量，但是不便于汇总每一会计科目的发生额，以及不利于企业的会计人员进行分工记账。之前讲解的所有凭证格式均为复式记账凭证格式。
- ◆ **单式记账凭证**：每一张记账凭证只填列经济业务事项所涉及的一个会计科目及其金额。单式记账凭证的经济业务所涉及的会计科目通过借项记账凭证和贷项记账凭证分别反映，发生业务的借方会计科目登记借项记账凭证，贷方科目登记贷项记账凭证。这样便于汇总每一会计科目的发生额，也便于会计人员进行分工记账，但是每张记账凭证无法反映一项完整的经济业务，不便于企业查账。单式记账凭证的格式如表5-5和表5-6所示。

表 5-5

借项记账凭证

年 月 日 凭证编号 记字 号

摘 要	一级科目	明细科目	账 页	金 额
对应一级科目：	合 计			

会计主管： 记账： 复核： 出纳： 制单：

表 5-6

贷项记账凭证

年 月 日 凭证编号 记字 号

摘 要	一级科目	明细科目	账 页	金 额
对应一级科目：	合 计			

会计主管： 记账： 复核： 出纳： 制单：

（3）汇总记账凭证

在实际工作中，为了简化登记总分类账的手续，可以将一定期间的同类记账凭证加以汇总而重新编制记账凭证，这种凭证我们称为汇总记账凭证。汇总记账凭证的格式如表5-7所示。

表 5-7

汇总××凭证

借方科目：　　　　　　　　　　年　　月份　　　　　　　　　　汇×第　号

贷方科目	金　额				总账页数	
	（1）	（2）	（3）	合　计	借　方	贷　方
附注：						

会计主管：　　　　　　　记账：　　　　　　　复核：　　　　　　　制单：

记账凭证的填制

记账凭证是记录企业经济业务事项的重要凭证，必须要求将记账的内容填制完整，按照其编制要求进行填制，最后要将填制完成的记账凭证进行审核，这样才能保证登记总分类账的记账凭证是准确无误的。

（1）记账凭证的内容

记账凭证反映的经济业务虽有不同，但都必须具备以下基本内容。

◆ **填制单位的名称**：填制单位的名称才能反映记账凭证所记录的内容归属于哪一家企业。

◆ **凭证的名称**：凭证的名称有记账凭证、收款凭证、付款凭证和转账凭证等。

◆ **凭证的编号**：要根据经济业务发生的时间顺序进行编号。若企业采用通用记账凭证记账，则用“记”字进行填列；若企业采用收款凭证、付款凭证及转账凭证进行分别填制，则用“收”、

“付”和“转”字进行填列，然后进行分别编号。

- **凭证的日期**：就是填制记账凭证当天的日期。填制记账凭证的日期不一定和所附原始凭证的填制日期相同，但是通常都比相应的原始凭证填制日期稍晚。
- **经济业务摘要**：摘要用来阐述经济业务发生的事项内容，一般要求填写准确且简明扼要。
- **会计科目（总账科目和明细科目）以及借方、贷方金额**：这是记账凭证最基本的内容，是反映经济业务最根本的信息。
- **所附原始凭证的张数**：原始凭证是编制记账凭证的根据，要根据原始凭证的金额和内容判断所填制的记账凭证是否正确和准确。所附原始凭证的实际张数必须和记账凭证所填写的张数一致。
- **有关人员的签章**：凡参与记账凭证填制的有关人员，都应在会计主管、记账、出纳、审核以及制单处进行签章，以明确相关人员的责任，进行相互监督和管理。

（2）记账凭证的编制要求

根据相关规定，编制记账凭证应符合下列要求。

- 必须根据审核无误的原始凭证进行记账凭证的填制。
- 记账凭证的各内容必须完整，缺一不可。
- 记账凭证的内容必须与所附原始凭证反映的经济业务相同，不能将不属于该事项的原始凭证进行粘贴。
- 除结账和更正错误的记账凭证可以不附原始凭证以外，其他记账凭证必须附有原始凭证。
- 记账凭证应当连续编号。一笔经济业务需要填制两张或两张以上的记账凭证时，可以采用分数进行编号。
- 填制记账凭证时若发生错误应当重新填制。已经登记入账的记账凭证在当年内发现错误时，可以用红字填写一张与原内容相同的记账凭证，在摘要处注明“注销某月某日某号凭证”，同时用蓝字重新填制一张正确的记账凭证；若会计科目没有错误，只是金额错误，则也可将正确金额与错误金额之间的差额另编制一张调整的记账凭证，调增的金额用蓝字，调减的金额用红字；发现以前年度记账凭证有错误的，应用蓝字填制一张正确的记账凭证。

◆ 记账凭证填制完成后，若有空行，则应当自金额栏最后一笔金额数字下的空行处至合计数上的空行处划线注销。

（3）记账凭证的编制

收款凭证左上角的“借方科目”按收款的性质填写“库存现金”或“银行存款”科目；日期填写的是编制凭证的日期；右上角填写收款凭证的顺序号；“摘要”填写对所记录的经济业务的简要说明；“贷方科目”填写与收入相对应的会计科目；“金额”填写该项经济业务的发生额；凭证右边“附件张数”指该凭证所附原始凭证的张数。

【实账处理】——甲公司收到乙公司的一笔货款

2018年11月2日，甲公司收到乙公司之前所欠的一笔货款30000元，该笔货款是以银行存款的形式付清的。甲公司的财务人员根据这笔经济业务登记了收款凭证。登记好的收款凭证如表5-8所示。

表 5-8

收款凭证

借方科目：银行存款　　　2018年11月2日　　　收字第2号

摘要	贷方科目		金额										记账
	总账科目	明细科目	千	百	十	万	千	百	十	元	角	分	✓
收到乙公司货款	应收账款	乙公司				3	0	0	0	0	0	0	
合计金额					¥	3	0	0	0	0	0	0	

附件1张

会计主管：高梅　记账：李华　复核：赵春　制单：丁珍珍　出纳：马青

付款凭证的编制与收款凭证的编制基本相同，只是左上角记录的是“贷方科目”，凭证中间记录的是相应经济业务应记录的“借方科目”，与收款凭证刚好相反。

【实账处理】——甲公司支付丙公司一笔货款

2018年11月8日，甲公司以银行存款的方式支付之前欠丙公司的一笔20000元的货款。甲公司的财务人员将这笔经济业务登记付款凭证。登记好的付款凭证如表5-9所示。

表 5-9

付款凭证

贷方科目：银行存款　　　　2018年11月8日　　　　付字第6号

摘要	借方科目		金额										记账
	总账科目	明细科目	千	百	十	万	千	百	十	元	角	分	✓
支付丙公司货款	应付账款	丙公司				2	0	0	0	0	0	0	
合计金额					¥	2	0	0	0	0	0	0	0

附单据2张

会计主管：高梅　记账：李华　稽核：赵春　制单：丁珍珍　出纳：马青

转账凭证将经济业务事项中涉及的全部会计科目按照先借后贷的顺序记入“会计科目”栏中，并按应借、应贷方向分别记入“借方金额”或“贷方金额”栏。其他项目的填列和收、付款凭证的编制相同。

【实账处理】——甲公司收到丁公司的一笔预定款

2018年11月12日，甲公司收到丁公司50000元的预定款，财务人员根据该项经济业务登记了转账凭证。登记好的转账凭证如表5-10所示。

表 5-10

转账凭证

2018年11月12日　　　　　　转字第5号

摘要	总账科目	明细科目	记账✓	借方金额										记账✓	贷方金额									
				千	百	十	万	千	百	十	元	角	分		千	百	十	万	千	百	十	元	角	分
收到丁公司预定款	预收账款	丁公司					5	0	0	0	0	0	0											
	主营业务收入																	5	0	0	0	0	0	0
合计						¥	5	0	0	0	0	0	0				¥	5	0	0	0	0	0	0

附单据2张

会计主管：高梅　记账：李华　出纳：马青　审核：赵春　制单：丁珍珍

通用记账凭证的编制与转账凭证的编制基本相同。但通用记账凭证涉及的会计科目可与“库存现金”或“银行存款”有关，也可无关。单式记账凭证是将记账凭证的内容按会计科目的不同编制成借项和贷项记账凭证。

【实账处理】——甲公司销售一批货物给乙公司

2018年11月20日，甲公司销售一批价值80000元的货物给乙公司，收到乙公司对公账户转来的银行存款，财务人员根据该项经济业务登记了通用记账凭证。登记好的记账凭证如表5-11所示。

表 5-11

记账凭证

2018年11月20日　　　　　　记字第25号

摘要	总账科目	明细科目	记账✓	借方金额										记账✓	贷方金额									
				千	百	十	万	千	百	十	元	角	分		千	百	十	万	千	百	十	元	角	分
销售一批货物给乙公司	银行存款						8	0	0	0	0	0	0											
	主营业务收入																	8	0	0	0	0	0	0
合计						¥	8	0	0	0	0	0	0				¥	8	0	0	0	0	0	0

附单据3张

会计主管：高梅　记账：李华　出纳：马青　审核：赵春　制单：丁珍珍

若甲公司的财务人员将上述经济业务登记单式记账凭证。登记好的借项记账凭证和贷项记账凭证分别如表5-12和表5-13所示。

表 5-12

借项记账凭证

2018年11月20日　　　　凭证编号　记字25号

摘　要	一级科目	明细科目	账　页	金　额
销售一批货物给乙公司	银行存款			80000
对应一级科目：主营业务收入	合　计			80000

会计主管：高梅　记账：李华　复核：赵春　出纳：马青　制单：丁珍珍

表 5-13

贷项记账凭证

2018年11月20日　　　　凭证编号　记字25号

摘　要	一级科目	明细科目	账　页	金　额
销售一批货物给乙公司	主营业务收入			80000
对应一级科目：银行存款	合　计			80000

会计主管：高梅　记账：李华　复核：赵春　出纳：马青　制单：丁珍珍

记账凭证的审核

记账凭证是登记账簿的依据，必须是准确无误的，所以要对记账凭证进行审核。审核的主要内容有如下3点。

- 审核是否按已审核无误的原始凭证填制记账凭证；记录的内容是否与所附原始凭证的内容一致，金额是否相等；所附原始凭证的张数是否与记账凭证所列附件张数一致。
- 审核记账凭证所列会计科目（包括总账科目和明细科目）、应借、应贷方向和金额是否正确；借贷双方的金额是否平衡；明细科目金额之和与相应的总账科目的金额是否相等。
- 审核记账凭证摘要是否填写清楚，日期、凭证编号以及相关人员签章等各个项目填写是否齐全。

记账凭证和原始凭证审核的异同

记账凭证和原始凭证都是记录企业经济业务的重要凭证，它们审核的内容具有相同点和不同点。在审核记账凭证和原始凭证的真实性、正确性及完整性方面，两者内容相近；但在审核合法性、合理性和及时性等方面，记账凭证和原始凭证的审核内容有所差别，具体如表5-14所示。

表 5-14

对比	审核	内容详情
相同点	真实性	审核原始凭证的日期是否真实、业务内容是否真实、数据是否真实等；审核记账凭证是否附有原始凭证作为依据、记账凭证的内容是否与原始凭证一致
	正确性	审核原始凭证金额计算及填写，记账凭证科目、金额及书写是否正确
	完整性	原始凭证和记账凭证的内容都必须要求完整、缺一不可，缺少了其中任何一项都是不符合规定的
不同点	合法性	审核原始凭证所记录的经济业务是否违反国家法律法规的规定；记账凭证的审核没有合法性审核这一规定
	合理性	审核原始凭证所记录的经济业务是否符合企业生产经营活动的需要；记账凭证的合理性审核是审核记录的经济业务的会计科目是否合理
	及时性	符合要求的原始凭证要及时编制记账凭证，内容不全、填写错误的原始凭证应及时退回并补充完整，不真实、不合法的原始凭证不予接受；记账凭证的填制只要在当期会计期间进行处理都是允许的

会计凭证的传递与保管

企业的日常业务每天都在发生，种类和内容都非常繁杂，财务人员每天都要在堆积如山的凭证中工作。那么，这些凭证是如何进行传递与保管的呢？

会计凭证的传递

会计凭证的传递是指各种会计凭证从填制、取得到归档保管为止的全部过程，是在企业内部人员和部门之间传送、交接的过程。要规定各种凭证的填写、传递单位、凭证份数、会计凭证传递的程序及移交的时间等。为了能够利用会计凭证及时反映各项经济业务，提供会计信息，发挥会计监督的作用，会计人员必须正确、及时地传递会计凭证，不得积压。

（1）会计凭证传递的作用

会计凭证的传递在单位内部的经营管理各环节之间起着协调和组织的作用。会计凭证传递程序是企业管理规章制度的重要组成部分，传递程序的科学与否体现了企业管理的科学程度。正确组织会计凭证的传递，对于及时处理和登记经济业务、明确经济责任和实行会计监督等具有重要作用。

- **有利于完善经济责任制度**：会计凭证的传递是由相关责任人共同负责、分工完成的。会计凭证作为记录经济业务、明确经济责任的书面证明，体现了经济责任制度的执行情况。单位会计制度可通过会计凭证传递程序和传递时间规定，进一步完善经济责任制度，使各项业务的处理顺利进行。
- **有利于及时进行会计记录**：从经济业务的发生到账簿登记有一定的时间间隔，通过会计凭证的传递，使会计部门尽早了解经济业务的发生和完成情况，并通过会计部门内部的凭证传递，及时记录经济业务，进行会计核算，实行会计监督。

（2）会计凭证传递的注意事项

各种会计凭证记录的经济业务不尽相同，所以办理会计手续的程序与占用的时间也不同。在实际工作中，应该为每种会计凭证的传递程序和在各个环节上停留的时间做出规定。

要根据经济业务的特点、企业内部机构的设置、人员分工情况及经营管理上的需要，恰当地规定各种会计凭证传递的必要环节。既要使有关部门与经办人员能够利用会计凭证基本了解企业的经济业务，并按规定程序进行处理和审核，又要避免会计凭证流向不必要的环节，影响传递速度。

要根据有关部门与经办人员对经济业务办理必要手续的需要，确定会计凭证在各个环节停留的时间，保证经济业务手续的完成，但同时又要防止在各个流经环节过多的、不必要的耽搁，这样才能够使会计凭证以最快、最合理的速度进行传递。要建立严格的会计凭证交接和签收制度。为了保证会计凭证的安全与完整，在各个环节中都应该指定专门的人员办理交接手续，做到责任明确，手续齐全、严密。

会计凭证的归类与装订

会计凭证是重要的经济资料，为了便于日后单位内部和各外部检察机关顺利查阅，企业需按照规定将会计凭证立卷归档，形成会计档案资料。

会计部门在记账后应定期（每日、每旬或每月）对各种会计凭证按编号顺序加以分类整理，并连同所附的原始凭证折叠整齐。会计凭证的装订是指把定期整理完毕的会计凭证按照编号顺序，外加封面和封底装订成册，并在装订线上加贴封签。封面上应写明单位名称、年度、月份、记账凭证的种类、起讫日期、起讫号数以及记账凭证和原始凭证的张数，并在封签处加盖会计主管的骑缝图章。会计凭证封面的一般格式如图5-1所示。

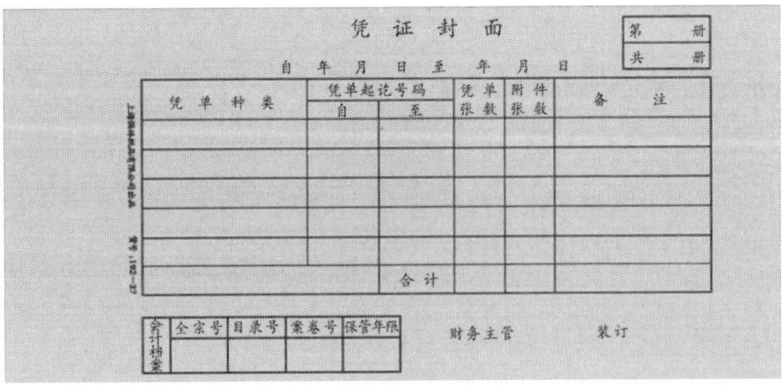
凭 证 封 面

第 册
共 册

自 年 月 日 至 年 月 日

凭单种类	凭单起讫号码		凭单张数	附件张数	备注
	自	至			
		合计			

会计档案	全宗号	目录号	案卷号	保管年限

财务主管　　装订

图5-1

如果采用单式记账凭证，那么，在整理装订凭证时，必须保持会计分录的完整。为此，应按凭证号码顺序还原并装订成册，不得按科目归类装订。对于各种重要的原始单据，以及各种需要随时查阅和退回的单据，应另编目录，单独登记保管，并在有关记账凭证和原始凭证上相互注明日期和编号。

会计凭证装订前的整理是指对会计凭证进行排序、粘贴和折叠。因为原始凭证的纸张面积与记账凭证的纸张面积不可能完全一样，有时前者大于后者，有时前者小于后者，这就需要会计人员在制作会计凭证时对原始凭证加以适当整理，以便下一步装订成册。

对于纸张面积大于记账凭证的原始凭证，可按记账凭证的面积尺寸，先自右向后，再自下向后两次折叠，注意应把凭证的左上角或左侧面让出来，以便装订后还可以展开查阅。对于纸张面积过小的原始凭证，一般不能直接装订，可先按一定次序和类别排列，再粘在一张与记账凭证大小相同的白纸上，粘贴时宜用胶水。证票应分张排列，同类、同金额的单据尽量粘在一起，同时，在一旁注明张数和合计金额。如果是板状票证，则可以将票面票底轻轻撕开，厚纸板弃之不用。

对于纸张面积略小于记账凭证的原始凭证，可先用回形针或大头针别在记账凭证后面，待装订时再抽去回形针或大头针。有的原始凭证不仅面积大，而且数量多，可以单独装订，如工资单、耗料单等，但在记账凭证上应注明保管地点。原始凭证附在记账凭证后面的顺序应与记账凭证所记载的内容顺序一致，不应按原始凭证的面积大小来排序。

会计凭证装订的要求是既美观大方又便于翻阅，所以在装订时要先设计好装订册数及每册的厚度。一般来说，一本凭证厚度以1.5～2cm为宜，太厚了不便于翻阅核查，太薄了又不利于戳立放置。凭证装订册数可根据凭证多少来定，原则上以月份为单位装订，每月订成一册或若干册。有些单位业务量小，凭证不多，就可以把若干个月份的凭证合并订成一册，只要在凭证封面注明本册所含的凭证月份即可。为了使装订成册的会计凭证外形美观，在装订时要考虑到凭证的整齐均匀，特别是装订线的位置，如果太薄，则可用纸折一些三角形纸条均匀地垫在此处，以保证它的厚度与凭证中间的厚度一致。具体操作步骤如下。

- 将凭证封面和封底裁开，分别附在凭证前面和后面，再拿一张质地相同的纸（可以再找一张凭证封皮，裁下一半用，另一半为订下一本凭证备用）放在封面上角，做护角线。
- 在凭证的左上角画一个边长为5cm的等腰三角形，用夹子夹住，用装订机在底线上分布均匀地打两个洞眼。
- 用大针引线绳穿过两个洞眼。若没有针，则可将回形别针顺直，再将两端折向同一方向，将线绳从中间穿过并夹紧，完成引线。
- 在凭证的背面打线结。线绳最好在凭证中端系上。
- 将护角向左上侧折，将一侧剪开至凭证左上角，然后抹上胶水。
- 向后折叠，并将侧面和背面的线绳扣粘死。
- 待晾干后，在凭证本的脊背上面写上“某年某月第几册共几册”的字样。装订人在装订线封签处签名或者盖章。现金凭证、银行凭证和转账凭证最好依顺序编号，一个月从头编一次序号。如果单位的凭证少，则可以全年顺序编号。

会计凭证的保管与销毁

会计凭证是重要的会计档案，必须妥善保管。在保管期间会计凭证不得外借，如果有特殊原因需要外借的，则必须经过主管部门的同意、批准，会计凭证才可以进行复制外借。

企业的会计凭证种类多种多样，每种会计凭证的保管期限是不一样的。企业要按照规定将在保管期间内的会计凭证进行移交保管，不得自行随意销毁；超出保管期限的会计凭证，企业可根据需要决定是否销毁，需永久保留的有关会计凭证不能销毁。各种会计凭证的保管期限如下。

- **原始凭证**：保管期限为30年。
- **记账凭证**：保管期限为30年。

根据规定，有两种会计凭证即使保管期满也不得销毁：尚未结清的债权债务原始凭证，保管期满也不得销毁，应当单独抽出立卷，保管到未了事项完结时为止；正在项目建设期间的建设单位，其保管期满的会计凭证也不得销毁。会计凭证的销毁有相关的规定，不能随意销毁。而按规定可以销毁的会计凭证，在销毁时应办理如下手续。

- 首先，由本单位档案机构会同会计机构提出销毁意见，编制销毁清册，列明所销毁的会计凭证的名称、卷号、册数、起止年度、档案编号、应保管期限、已保管期限和销毁的时间等。
- 其次，由单位负责人在销毁清册上签署意见。销毁时，应由档案机构和会计机构共同派员监督。
- 最后，监销人员在会计凭证销毁前，应当按照销毁清册所列的内容清点核对所要销毁的会计凭证；销毁后，应当在销毁清册上签名盖章，并将监销情况报告本单位负责人。

填制贤力公司2018年12月发生经济业务的记账凭证

财务人员将审核无误的原始凭证整理汇总之后填制记账凭证，填制完毕的记账凭证才是企业的财务信息的真正反映。下面以第2章和第3章综合案例中贤力公司2018年12月发生的全部经济业务需要填写的记账凭证为例进行讲解。

【例2-1】对应填制的记账凭证如表5-15所示。

表 5-15

记账凭证

2018年12月1日　　　　记字第1号

摘要	会计科目		借方金额	贷方金额	
	一级科目	明细科目			
向银行申请短期借款	银行存款		150000		附件1张
向银行申请短期借款	短期借款			150000	
合计			150000	150000	

会计主管：高姐　　记账：小罗　　出纳：小刘　　制单：小罗

【例3-1】对应填制的记账凭证如表5-16所示。

表 5-16

记账凭证

2018年12月2日　　　　记字第$2\frac{1}{2}$号

摘要	会计科目		借方金额	贷方金额	
	一级科目	明细科目			
销售方便面	应收账款	白家好公司	116000		附件2张
销售方便面	主营业务收入			100000	
销售方便面	应交税费	应交增值税（销项税额）		16000	
合计			116000	116000	

会计主管：高姐　　记账：小罗　　出纳：小刘　　制单：小罗

记账凭证

2018年12月2日　　　　记字第$2\frac{2}{2}$号

摘要	会计科目		借方金额	贷方金额	
	一级科目	明细科目			
结转方便面成本	主营业务成本		50000		附件2张
结转方便面成本	库存商品	方便面		50000	
合计			50000	50000	

会计主管：高姐　　记账：小罗　　出纳：小刘　　制单：小罗

【例2-2】对应填制的记账凭证如表5-17所示。

表 5-17

记账凭证

2018年12月3日　　记字第3号

摘要	会计科目		借方金额	贷方金额
	一级科目	明细科目		
购进加工牛肉设备	固定资产		120000	
购进加工牛肉设备	应交税费	应交增值税（进项税额）	19200	
购进加工牛肉设备	银行存款			139200
合计			139200	139200

附件2张

会计主管：高姐　　记账：小罗　　出纳：小刘　　制单：小罗

【例2-3】对应填制的记账凭证如表5-18所示。

表 5-18

记账凭证

2018年12月5日　　记字第4号

摘要	会计科目		借方金额	贷方金额
	一级科目	明细科目		
购买一台空调	在建工程		30500	
购买一台空调	应交税费	应交增值税（进项税额）	4800	
购买一台空调	银行存款			34800
购买一台空调	应付职工薪酬			500
转入固定资产	固定资产		30500	
转入固定资产	在建工程			30500
合计			65800	65800

附件3张

会计主管：高姐　　记账：小罗　　出纳：小刘　　制单：小罗

【例2-4】对应填制的记账凭证如表5-19所示。

表 5-19

记账凭证

2018年12月6日　　　　　　　　记字第5号

摘要	会计科目		借方金额	贷方金额
	一级科目	明细科目		
收到政府扶持基金	库存现金		10000	
收到政府扶持基金	营业外收入			10000
合计			10000	10000

附件2张

会计主管：高姐　　记账：小罗　　出纳：小刘　　制单：小罗

【例3-2】对应填制的记账凭证如表5-20所示。

表 5-20

记账凭证

2018年12月6日　　　　　　　　记字第6号

摘要	会计科目		借方金额	贷方金额
	一级科目	明细科目		
销售八宝粥	应收票据	好顾家公司	17400	
销售八宝粥	主营业务收入			15000
销售八宝粥	应交税费	应交增值税（销项税额）		2400
结转八宝粥成本	主营业务成本		10000	
结转八宝粥成本	库存商品	八宝粥		10000
合计			27400	27400

附件2张

会计主管：高姐　　记账：小罗　　出纳：小刘　　制单：小罗

【例2-5】对应填制的记账凭证如表5-21所示。

表 5-21

记账凭证

2018年12月10日　　　　记字第7号

摘要	会计科目		借方金额	贷方金额
	一级科目	明细科目		
购买添加剂	在途物资	A添加剂	20000	
购买添加剂	在途物资	B添加剂	13000	
购买添加剂	应交税费	应交增值税（进项税额）	5280	
购买添加剂	应付账款	宏云公司		38280
添加剂入库	原材料	A添加剂	20000	
添加剂入库	原材料	B添加剂	13000	
添加剂入库	在途物资	A添加剂		20000
添加剂入库	在途物资	B添加剂		13000
合计			71280	71280

附件8张

会计主管：高姐　　记账：小罗　　出纳：小刘　　制单：小罗

【例3-3】对应填制的记账凭证如表5-22所示。

表 5-22

记账凭证

2018年12月10日　　　　记字第8号

摘要	会计科目		借方金额	贷方金额
	一级科目	明细科目		
收到白家好公司货款	银行存款		113680	
收到白家好公司货款	财务费用		2320	
收到白家好公司货款	应收账款	白家好公司		116000
合计			116000	116000

附件3张

会计主管：高姐　　记账：小罗　　出纳：小刘　　制单：小罗

【例3-4】对应填制的记账凭证如表5-23所示。

表 5-23

记账凭证

2018年12月12日　　记字第9号

摘要	会计科目		借方金额	贷方金额
	一级科目	明细科目		
销售矿泉水	银行存款		34800	
销售矿泉水	主营业务收入			30000
销售矿泉水	应交税费	应交增值税（销项税额）		4800
合计			34800	34800

附件2张

会计主管：高姐　　记账：小罗　　出纳：小刘　　制单：小罗

【例2-6】对应填制的记账凭证如表5-24所示。

表 5-24

记账凭证

2018年12月13日　　记字第10号

摘要	会计科目		借方金额	贷方金额
	一级科目	明细科目		
收到美力公司订购款	银行存款		50000	
收到美力公司订购款	预收账款	美力公司		50000
支付华康面粉厂定金	预付账款	华康面粉厂	10000	
支付华康面粉厂定金	银行存款			10000
合计			60000	60000

附件4张

会计主管：高姐　　记账：小罗　　出纳：小刘　　制单：小罗

【例3-5】对应填制的记账凭证如表5-25所示。

表 5-25

记账凭证

2018年12月13日　　　　记字第11号

摘要	会计科目		借方金额	贷方金额
	一级科目	明细科目		
销售A添加剂	银行存款		15080	
销售A添加剂	其他业务收入			13000
销售A添加剂	应交税费	应交增值税（销项税额）		2080
结转A添加剂成本	其他业务成本		6400	
结转A添加剂成本	原材料	A添加剂		6400
合计			21480	21480

附件2张

会计主管：高姐　　记账：小罗　　出纳：小刘　　制单：小罗

【例2-7】对应填制的记账凭证如表5-26所示。

表 5-26

记账凭证

2018年12月14日　　　　记字第12号

摘要	会计科目		借方金额	贷方金额
	一级科目	明细科目		
分配耗用材料	生产成本	可可饼	1000	
分配耗用材料	生产成本	蛋糕	3200	
分配耗用材料	制造费用		1700	
分配耗用材料	管理费用		2400	
分配耗用材料	原材料	A添加剂		2700
分配耗用材料	原材料	B添加剂		5600
合计			8300	8300

附件8张

会计主管：高姐　　记账：小罗　　出纳：小刘　　制单：小罗

【例2-8】对应填制的记账凭证如表5-27所示。

表 5-27

记账凭证

2018年12月15日　　记字第$13\frac{1}{2}$号

摘要	会计科目		借方金额	贷方金额
	一级科目	明细科目		
向银行提取现金	库存现金		153285	
向银行提取现金	银行存款			153285
报销费用	管理费用	差旅费	3000	
报销费用	管理费用	业务招待费	1600	
报销费用	库存现金			4600
发放工资等	应付职工薪酬	工资	105000	
发放工资等	应付职工薪酬	社会保险费	12000	
发放工资等	应付职工薪酬	住房公积金	20000	
发放工资等	应付职工薪酬	职工教育经费	11685	
发放工资等	库存现金			148685
合计			306570	306570

附件6张

会计主管：高姐　　记账：小罗　　出纳：小刘　　制单：小罗

记账凭证

2018年12月15日　　记字第$13\frac{2}{2}$号

摘要	会计科目		借方金额	贷方金额
	一级科目	明细科目		
结转工资	生产成本		93600	
结转工资	管理费用		31200	
结转工资	销售费用		23885	
结转工资	应付职工薪酬			148685
合计			148685	148685

附件6张

会计主管：高姐　　记账：小罗　　出纳：小刘　　制单：小罗

【例3-6】对应填制的记账凭证如表5-28所示。

表 5-28

记账凭证

2018年12月15日　　记字第14号

摘要	会计科目		借方金额	贷方金额	
	一级科目	明细科目			
支付公司罚款	营业外支出	罚款	10000		附件1张
支付公司罚款	库存现金			10000	
合计			10000	10000	

会计主管：高姐　　记账：小罗　　出纳：小刘　　制单：小罗

【例3-7】对应填制的记账凭证如表5-29所示。

表 5-29

记账凭证

2018年12月17日　　记字第15号

摘要	会计科目		借方金额	贷方金额	
	一级科目	明细科目			
支付摊位租赁费	销售费用	摊位租赁费	2000		附件1张
支付摊位租赁费	银行存款			2000	
合计			2000	2000	

会计主管：高姐　　记账：小罗　　出纳：小刘　　制单：小罗

【例3-8】对应填制的记账凭证如表5-30所示。

表 5-30

记账凭证

2018年12月18日　　记字第16号

摘要	会计科目		借方金额	贷方金额	
	一级科目	明细科目			
收到包装物押金	库存现金		2500		附件2张
收到包装物押金	其他应付款	包装物押金		2500	
合计			2500	2500	

会计主管：高姐　　记账：小罗　　出纳：小刘　　制单：小罗

【例3-9】对应填制的记账凭证如表5-31所示。

表 5-31

记账凭证

2018年12月19日　　　　记字第17号

摘要	会计科目		借方金额	贷方金额
	一级科目	明细科目		
向公司借款	其他应收款	小易	4000	
向公司借款	银行存款			4000
支付差旅费	管理费用	差旅费	3500	
支付差旅费	库存现金		500	
支付差旅费	其他应收款	小易		4000
合计			8000	8000

附件4张

会计主管：高姐　　记账：小罗　　出纳：小刘　　制单：小罗

【例3-10】对应填制的记账凭证如表5-32所示。

表 5-32

记账凭证

2018年12月31日　　　　记字第18$\frac{1}{2}$号

摘要	会计科目		借方金额	贷方金额
	一级科目	明细科目		
结转成本	本年利润		166305	
结转成本	主营业务成本			60000
结转成本	其他业务成本			6400
结转成本	营业外支出			10000
结转成本	销售费用			25885
结转成本	管理费用			61700
结转成本	财务费用			2320
合计			166305	166305

附件0张

会计主管：高姐　　记账：小罗　　出纳：小刘　　制单：小罗

记账凭证

2018年12月31日　　　　记字第18$\frac{2}{2}$号

摘要	会计科目		借方金额	贷方金额
	一级科目	明细科目		
结转各项收入	主营业务收入		145000	
结转各项收入	其他业务收入		13000	
结转各项收入	营业外收入		10000	
结转各项收入	本年利润			168000
本年利润转利润分配	本年利润		1695	
本年利润转利润分配	利润分配	未分配利润		1695
提取盈余公积	利润分配	未分配利润	169.5	
提取盈余公积	盈余公积			169.5
结转利润分配	利润分配	未分配利润	169.5	
结转利润分配	利润分配	盈余公积		169.5
合计			170034	170034

附件0张

会计主管：高姐　　记账：小罗　　出纳：小刘　　制单：小罗

【例2-9】对应填制的记账凭证如表5-33所示。

表 5-33

记账凭证

2018年12月31日　　　　记字第19号

摘要	会计科目		借方金额	贷方金额
	一级科目	明细科目		
计提折旧	制造费用		10000	
计提折旧	管理费用		20000	
计提折旧	生产成本	海鲜类产品	12000	
计提折旧	生产成本	糕点类产品	15000	
计提折旧	累计折旧			57000
合计			57000	57000

附件0张

会计主管：高姐　　记账：小罗　　出纳：小刘　　制单：小罗

【例2-10】对应填制的记账凭证如表5-34所示。

表 5-34

记账凭证

2018年12月31日　　　　记字第20号

摘要	会计科目		借方金额	贷方金额
	一级科目	明细科目		
结转制造费用	生产成本		11700	
结转制造费用	制造费用			11700
合计			11700	11700

附件0张

会计主管：高姐　　记账：小罗　　出纳：小刘　　制单：小罗

【例2-11】对应填制的记账凭证如表5-35所示。

表 5-35

记账凭证

2018年12月31日　　　　记字第21号

摘要	会计科目		借方金额	贷方金额
	一级科目	明细科目		
结转生产成本	库存商品		136500	
结转生产成本	生产成本			136500
合计			136500	136500

附件0张

会计主管：高姐　　记账：小罗　　出纳：小刘　　制单：小罗

Chapter

06

用科目汇总表进行区域管辖

OPTIONS

【本章要点】

P174 科目汇总表能解决重复登记的麻烦

P174 科目汇总表账务处理程序

常见的账务总是用到同一会计科目——科目汇总表

在企业的日常经营中，主营业务是重复的，所以进行的账务处理也是相同的，用到同一会计科目的概率非常高。将相同的会计科目进行汇总就是科目汇总表，该表便于财务人员对财务数据进行计算与归纳。

科目汇总表能解决重复登记的麻烦

科目汇总表是企业财务人员根据记账凭证定期进行汇总，按发生业务的会计科目列示其借方和贷方发生额的表格。

将汇总期间各项经济业务所涉及的会计科目填制在“科目名称”栏，每期发生经济业务的会计科目应当一致，便于登记总分类账，明细科目可以根据企业不同的往来对象等进行设置；根据汇总期间的全部记账凭证，按照会计科目分别加总借方发生额和贷方发生额，将其填列在相应会计科目的“借方发生额”和“贷方发生额”栏。

利用科目汇总表就可以避免利用会计科目在登记总分类账的时候反复进行登记，同时可以利用发生额试算平衡表进行检查。

科目汇总表账务处理程序

科目汇总表账务处理程序就是根据记账凭证分别编制汇总收款凭证、汇总付款凭证和汇总转账凭证，并据以登记总账。科目汇总表账务处理程序既可以简化总分类账的登记工作，又可以对本期发生额进行试算平衡，同时对记账凭证填制和总分类账登记的正确性起着一定的作用。

科目汇总表账务处理程序一般适用于经济业务繁多、管理上又不要求总分类账各科目之间反映相互对应关系的企业或单位。具体的账务处理程序如下。

- **第一步**：根据原始凭证或原始凭证汇总表编制记账凭证。
- **第二步**：根据收款、付款凭证逐笔登记现金日记账和银行存款日记账。
- **第三步**：根据记账凭证和原始凭证或原始凭证汇总表逐笔登记各种明细分类账。
- **第四步**：根据记账凭证定期编制科目汇总表。
- **第五步**：定期根据科目汇总表登记总分类账。
- **第六步**：月末，将现金日记账、银行存款日记账和各种明细分类账余额同总分类账余额核对相符。
- **第七步**：月末，根据总分类账和明细分类账及其他有关资料编制会计报表。

把常用的科目汇总——科目汇总表的编制

科目汇总表的编制是将企业的经营活动涉及的账务处理中的会计科目进行汇总，让重复的会计科目有效地归集，成为后期会计工作的有效依据。

科目汇总表的工作底稿就是在编制科目汇总表之前，在演算稿上进行的数据收集工作，它的格式类似于“T”形账户，但是又不完全等同于“T”形账户。它主要是将汇总期间各项经济业务所涉及的总账科目填列在工作底稿的“会计科目”内，然后根据汇总期间的所有记账凭证，按会计科目分别加计其借方发生额和贷方发生额，并将其汇总金额填列在各相应会计科目的“借方”和“贷方”栏，如图6-1所示。

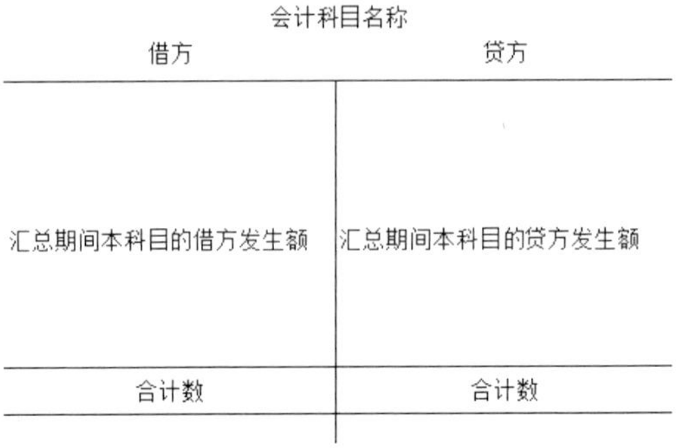

图6-1

编制科目汇总表是为了更好地归纳和汇总会计科目数额，将与发生经济业务相关的会计科目经过汇总后进行账簿登记，减少重复登记的麻烦。企业在装订记账凭证时，一般将科目汇总表装订在首页，让本册记账凭证的科目汇总一目了然。科目汇总表的格式如图6-2所示。

科目汇总表

会计科目	记账凭证起讫号数	本期发生额		总账页数
		借方	贷方	
现金 银行存款 ……				
合计				

会计主管：　　会计：　　记账：　　制表：

图6-2

编制贤力公司2018年12月科目汇总表

编制科目汇总表是每位会计人员在登记账簿之前必须做的工作，是为了更好地登记账簿，为登记账簿汇总数据。下面对贤力公司2018年12月发生的经济业务进行科目汇总表的编制。

根据贤力公司2018年12月发生的经济业务编制的科目汇总表如表6-1所示。

表 6-1

2018年12月科目汇总表

编制单位：贤力食品有限公司　　　　单位：元

科目名称	本期借方发生额	本期贷方发生额
库存现金	166 285	163 285
银行存款	363 560	343 285
其他货币资金		
应收票据	17 400	
应收账款	116 000	116 000
预付账款	10 000	
其他应收款	4 000	4 000
坏账准备		
原材料	33 000	14 700
在途物资	33 000	33 000
周转材料		
库存商品	136 500	60 000
长期股权投资		
固定资产	150 500	
累计折旧		57 000
在建工程	30 500	30 500
工程物资		
合计	1060 745	821 770

续表

科目名称	本期借方发生额	本期贷方发生额
短期借款		150 000
应付账款		38 280
预收账款		50 000
应付票据		
应付职工薪酬	148 685	149 185
应交税费	29 280	25 280
应付利息		
其他应付款		2 500
长期应付款		
合计	177 965	415 245
实收资本		
资本公积		
盈余公积		169.5
本年利润	168 000	168 000
利润分配	339	1 864.5
应付利润		
合计	168 339	170 034
生产成本	136 500	136 500
制造费用	11 700	11 700
合计	148 200	148 200
主营业务收入	145 000	145 000
其他业务收入	13 000	13 000
营业外收入	10 000	10 000
主营业务成本	60 000	60 000
其他业务成本	6 400	6 400
营业税金及附加		
管理费用	61 700	61 700
销售费用	25 885	25 885
财务费用	2 320	2 320
营业外支出	10 000	10 000
所得税费用		
合计	334 305	334 305
总计	1889 554	1889 554

Chapter

07

一切就绪后从这里开始做账

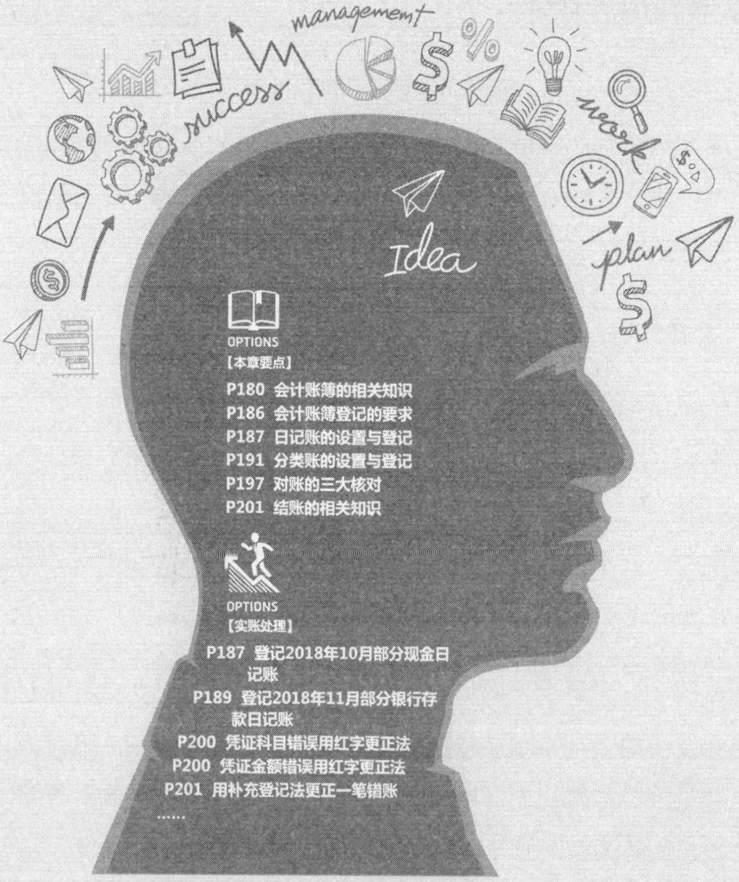

OPTIONS

【本章要点】

OPTIONS

【实账处理】

会计账簿

企业发生的经济业务数量繁多，财务人员将这些经济业务进行处理变成凭证后，也不利于从众多凭证中得出有效且系统的信息。为了更便于会计信息的处理与报告，全面、系统地对企业的经济业务活动进行核算和监督，企业应设置会计账簿。

会计账簿的相关知识

会计账簿是由一定格式的账页组成，并以会计凭证作为依据，全面、系统且连续地记录企业各项经济业务的簿记。而企业通过设置并记录会计账簿，既可以建立账证、账账及账表之间的内在逻辑关系，也可以检查和校正企业的会计信息。

（1）会计凭证、会计账簿与会计账户的关系

账户是存在于账簿之中的，账簿中的每一账页即为账户的存在形式与载体，如果没有账簿，账户就不能单独存在，也没有存在的必要；但账簿可以序时、分类地记载企业的经济业务，它是在账户中完成的，如果是没有账户的账簿，就不能称为账簿。所以，账簿是账户的外在形式，而账户体现的是账簿的真实内容，两者之间是形式与内容的关系。

在具体的会计账簿上，应按照不同的会计科目开设一个会计账户，用于记录企业发生的会计事项；根据会计凭证上对会计事项的不同记载，将会计科目登记到会计账户中。因此，会计凭证、会计账簿与会计账户之间有一种基础递进的关系，相互钩稽且相辅相成，不可单独成立。

在登记企业的经济业务时，首先要通过审核后的原始凭证登记记账凭证，再由汇总的记账凭证登记科目汇总表，然后进行总分类账簿的登记，

最后根据账簿进行归纳、总结和分析，进而编制出会计报表。在以后进行查找或核对相关经济事项时，要采取相反的顺序：从会计报表开始查找账簿，再由账簿的登记查找相应的记账凭证，最后通过记账凭证找到对应的原始凭证。

（2）会计账簿的作用

在会计核算中，对每一项经济业务都必须取得和填制会计凭证。但会计凭证数量很多，又很分散，而且只能分散地反映个别经济业务的内容，不能全面、连续且系统地反映和监督一个经济单位在一定时期内某类甚至全部经济业务的变化情况，且不便于日后查阅。因此，为了给经济管理提供系统的核算资料，就要运用登记账簿的方法，把大量分散的会计凭证核算资料加以集中和归类整理，登记到账簿中。

所以，设置和登记账簿是对经济信息进行加工整理的一种专门方法，也是会计核算的中心环节。会计账簿的作用如下。

- **账簿是会计信息的载体**：账簿的设置和登记能将会计凭证所记录的经济业务逐一记入账簿，对会计信息进行记载和存储，对会计主体即企业在一定时期的各项资金运动能有一个全面的反映。
- **账簿可以为企业经营管理提供系统、完整的会计核算资料**：通过设置和登记账簿，可以把会计凭证提供的大量分散的核算资料加以归类整理，以全面、连续且系统地反映企业的经济活动情况，这对于加强经济核算、提高企业经营管理水平具有重要作用。
- **账簿可以为编制会计报表提供数据资料**：企业定期编制会计报表的主要依据来自账簿记录，账簿是进行会计分析和会计检查的必要依据。因此，账簿的记录和设置是否正确、完整，直接影响财务报告的质量。
- **账簿是考核企业经营业绩、加强经济核算和分析经济活动的重要依据**：账簿既提供了总括的核算资料，又提供了明细的核算资料，如成本、费用、收入和财务成果的会计信息。结合有关资料，分析企业经营过程中存在的问题，及时总结经验，以便加强企业管理。

会计账簿的分类

在企业的会计核算中，需要应用的账簿有很多种。为了更好地了解及使用各种账簿，我们就要对账簿进行必要的分类。

（1）按照账簿的用途分类

账簿按用途分类，可以分为序时账簿、联合账簿、分类账簿和备查账簿，具体如图7-1所示。

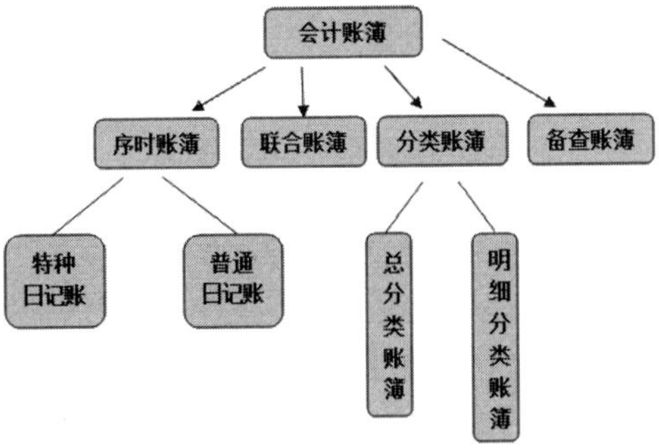

图7-1

① 序时账簿

该账簿也叫日记账，是按照经济业务的发生时间，每日连续、逐笔登记的账簿。按照记录内容的不同将之分为普通日记账和特种日记账两种。

- **普通日记账**：也就是通用日记账，是序时登记企业全部经济业务会计分录的日记账。在普通日记账中，按照每日发生经济业务的时间先后顺序逐项编制会计分录，所以这种日记账可以被称为分录日记账。根据企业的情况，设置了普通日记账也就可以不必填制记账凭证，以免重复作业，浪费人力资源。但从我国目前的情况来看，普通日记账的使用较少。

- **特种日记账**：是专门用来记录某一特定经济业务的发生情况的日记账。将该特定的经济业务按照发生的时间先后顺序登记到账簿中，反映此特定经济业务的详细情况。多数企业会设置的现金日记账和银行存款日记账就属于特种日记账。

② 分类账簿

该账簿是按照会计对象的具体内容分类设置和登记的账簿。在账簿中分类反映资产、负债、所有者权益、收入、成本费用和利润等的增减变化情况，是企业运营管理的重要资料来源。它可分为总分类账簿和明细分类账簿，总分类账簿的总额与其所属的明细分类账簿的金额之和应当相等。

- **总分类账簿**：也叫总账，是根据一级会计科目开设账户、用来登记全部经济业务并提供总括核算资料的分类账簿。
- **明细分类账簿**：也叫明细账，是根据二级会计科目开设账户、用来登记某一经济业务并提供某项经济业务详细资料的分类账簿。

③ 联合账簿

该账簿简称联合账，是将序时账簿与分类账簿相结合而设置的账簿。它兼有序时账簿和分类账簿的作用。比如，将日记账与总账相结合设置的日记总账。

④ 备查账簿

备查账簿是一种辅助账簿，是对某些在序时账簿和分类账簿中不能体现的或体现不全的经济业务进行补充登记的账簿，可以对某些经济业务的内容提供必需的参考资料，比如租入固定资产登记簿。

（2）按账簿格式分类

按照账簿格式的不同，可将账簿分为以下4类。

- **两栏式账簿**：指的是只有借方与贷方这两个基本金额栏目的账

簿，比如各种收入、费用类账户等。

◆ **三栏式账簿**：指的是采用借方、贷方和余额这3个主要栏目的账簿。三栏式账簿通常适用于总分类账、各种日记账以及债权债务、资本明细账等。

◆ **多栏式账簿**：指的是在借方栏或贷方栏下设置多个栏目用来反映经济业务不同内容的账簿。多栏式账簿通常适用于成本、费用类的明细账，如生产成本明细账、管理费用明细账和制造费用明细账等。

◆ **数量金额式账簿**：指的是在借方（收入）、贷方（发出）及余额（结存）这3个主要栏目的基础上，再设置需要反映数量和金额双重指标的账簿。数量金额式账簿通常适用于具有实物形态的财产物资的明细账，如原材料明细账、库存商品明细账等。

（3）按账簿外表形式分类

按照账簿外表形式分类，可将账簿分为以下3类。

◆ **订本式账簿**：指的是将很多账页装订成册的账簿。这种账簿的账页是固定的，好处是可以防止从中抽取或者遗失导致账簿不齐全。但这样的账簿只能由一个人进行登记，不能进行分工登记，所以适用于科目非常重要的账目，比如现金日记账和银行存款日记账等。

◆ **活页式账簿**：又称活页账，是把分散的账页全部装在账夹内，并且可以随时取放账页的账簿。这种账簿的账页可以根据企业经济业务的需求进行确定，登记也十分方便，且可以由几个人完成同一个账簿内容的登记，但容易出现账页丢失或被人为换取等情况。明细账通常都是活页式账簿。

◆ **卡片式账簿**：指的是把一定数量的卡片式账页装存在专门设置的卡片箱中。卡片账是可以跨年度使用的账簿，固定资产明细账通常使用卡片式账簿进行登记。

会计账簿的登记

会计账簿的登记是指会计人员以审核无误的会计凭证作为依据，将凭证分散记录的业务信息连续、系统而完整地记录在账簿上的专门的会计方法。

会计账簿的封面、扉页和账页

虽然账簿记录的经济内容多种多样，而且账簿的分类也有很多种，但是归根结底，账簿有相同的必备的要素，这些是不可少的。

- **封面**：账簿的封面主要标明账簿名称，这样在查找账簿的时候才能根据其封面填写的内容找到相应的账簿，如总分类账、原材料明细账或产品成本明细账等。
- **扉页**：扉页主要列明科目索引以及账簿使用登记表。一般将科目索引列于账簿最前面，其格式如表7-1所示；将账簿使用登记表列于账簿最后面。活页账及卡片账装订成册后，需要填列账簿使用登记表，其格式如表7-2所示。

表 7-1

科目索引

页数	科目	页数	科目	页数	科目

表 7-2

账簿使用登记表

单位名称						
账簿名称						
册次	第　　册					
页数	第　号至第　号共计　页					
使用起讫日期						
单位负责人		主办会计			记账	
交接记录	经管人员		接管		交出	
	职别	姓名	日期	姓名	日期	姓名
备注						

◆ **账页**：账页是账簿的主要内容，各种账页中包含的内容有账户名称（会计科目）、登账日期栏、凭证种类和号数栏、摘要栏、借贷方金额和余额栏，以及总页次和分账户页次等。

会计账簿登记的要求

会计账簿的登记应根据审核无误的记账凭证进行，虽然对登记时间未做规定，但是间隔时间越短越好，企业可根据自己的账务处理需要每日或者几日定期登记。会计账簿不能随意登记，应符合以下要求。

◆ **账簿的登记要准确、完整**：登记账簿时，要将会计凭证日期、凭证号、业务内容摘要、金额和其他相关资料逐项无误地登记到账簿内。登记的明细账要和总账一致。对登记过后的凭证，应在凭证上签名或盖章，并注明记账符号，避免重复记账或漏记。

◆ **账簿的登记要规范、书写要整洁**：在账簿中进行摘要或者数字的登记时，不要写满格，应当书写空格的2/3。书写时应当用蓝黑或黑色墨水，不得使用圆珠笔或铅笔等，不得刮、擦、挖、补或用涂改液等进行更改。除更正错账、登记冲销账簿记录及在不设借贷栏的多栏式账页中登记减少数时会用红色墨水外，其他情况一律不得用红色墨水笔登账。

◆ **账簿登记要连续**：记账时必须按照账户页次逐页进行登记，不得隔页、跳行。若不小心出现这种情况，也不得撕毁账页，应在空白行或页中用红色墨水画对角线注销，或者盖上“此页空白”或“此行空白”等字样，并由记账人员签名或者盖章。每一页登记完毕时要在摘要栏内注明“转次页”字样，而在次页的摘要栏内注明“承前页”字样。期末应将各账户结出余额，在“借”“贷”栏处标明借贷方向，没有余额的写“平”字。期末结账后，在结账栏下下通栏画红线，表示已结账。

日记账的设置与登记

日记账有现金日记账和银行存款日记账，能够逐日反映库存现金和银行存款收入来源、支出用途和结余情况，有利于企业对货币资金的监管。

现金日记账由出纳人员根据与现金收付有关的记账凭证，按照时间顺序逐日、逐笔进行登记，并根据“上日余额+本日收入-本日支出＝本日余额”的公式，逐日结算出现金余额，最后再与库存现金实存数目相核对，以检查每日现金日记账和实存数是否相符。

【实账处理】——登记2018年10月部分现金日记账

贤力公司2018年10月23日发生的部分现金收付业务如下。

开出现金支票，提取现金共50000元，凭证为银付字92号，相关账务处理如下。

借：库存现金　　　　　　　50000

　贷：银行存款　　　　　　　50000

销售一批蛋糕，收到货款5850元，凭证为现收字100号，相关账务处理如下。

主营业务收入＝5850÷(1+17%)＝5043（元）

增值税销项税额＝5850−5043＝807（元）

借：库存现金　　　　　　　　　　　　5850

　　贷：主营业务收入　　　　　　　　　　5043

　　　　应交税费——应交增值税（销项税额）　807

收到美美公司租用设备的租金1000元，凭证为现收字101号，相关账务处理如下。

借：库存现金　　　　　　　　　　　　1000

　　贷：其他业务收入　　　　　　　　　　1000

业务员李文报销因公出差费用1950元，凭证为现付字106号，相关账务处理如下。

借：管理费用——差旅费　　　　　1950

　　贷：库存现金　　　　　　　　　1950

向银行送存现金收入10500元，凭证为现付字107号，相关账务处理如下。

借：银行存款　　　　　　　　　10500

　　贷：库存现金　　　　　　　　　10500

收到鲜仙公司的牛肉货款80000元，凭证为现收字102号，相关账务处理如下。

主营业务收入＝80000÷(1+16%)≈68965.52（元）

增值税销项税额＝80000−68965.52＝11034.48（元）

借：库存现金　　　　　　　　　　　　80000

　　贷：主营业务收入　　　　　　　　　　68965.52

　　　　应交税费——应交增值税（销项税额）　11034.48

支付违规罚款3000元，凭证为现付字108号，相关账务处理如下。

借：营业外支出　　　　　　　　　　3000

　　贷：库存现金　　　　　　　　　　3000

公司出纳小刘根据以上经济业务事项应填制相关现金日记账，具体登记如表7-3所示。

表 7-3

现金日记账

2018年		凭证		摘　要	对方科目	借方金额	贷方金额	借或贷	余额
月	日	字	号						
10	23			承前页				借	10000
10	23	银付	92	提取现金	银行存款	50000		借	60000
10	23	现收	100	销售蛋糕一批	主营业务收入	5850		借	65850
10	23	现收	101	收取设备租金	其他业务收入	1000		借	66850
10	23	现收	102	收到货款	主营业务收入	80000		借	146850
10	23	现付	106	李文报销差旅费	管理费用		1950	借	144900
10	23	现付	107	送存银行	银行存款		10500	借	134400
10	23	现付	108	支付罚款	营业外支出		3000	借	131400

银行存款日记账也是企业非常重要的经济档案，因此，在启用账簿时，也要按照相关规定及要求填写“账簿启用表”。银行存款日记账是由出纳人员根据与银行存款收付有关的记账凭证填制的。

【实账处理】——登记2018年11月部分银行存款日记账

贤力公司2018年10月30日银行存款日记账期初余额为5600000元，在2018年11月发生的部分经济业务如下。

11月1日，公司向银行存入汇票200000元，凭证号为银收字01号，其账务处理如下。

借：银行存款　　200000

　　贷：其他货币资金　　200000

11月1日，提取现金30000元发放公司员工绩效工资，凭证号为银付字01号，其账务处理如下。

借：应付职工薪酬　　30000

　　贷：银行存款　　30000

11月5日，销售一批矿泉水收到70250元银行存款，凭证号为银收字02号，其账务处理如下。

主营业务收入＝70250÷（1+16%）≈60560.34（元）

增值税销项税额＝70250-60560.34＝9689.66（元）

借：银行存款　　70250

　　贷：主营业务收入　　60560.34

　　　　应交税费——应交增值税（销项税额）　9689.66

11月9日，收到众泰公司一张价值500000元的转账支票，用以付清之前所欠货款，凭证号为银收字03号，其账务处理如下。

借：银行存款　　500000

　　贷：应收账款——众泰公司　　500000

11月12日，公司向千美食品公司购买一批价值21000元的糯米，以银行存款的方式结清货款，凭证号为银付字02号，其账务处理如下。

借：原材料　　21000

　　贷：银行存款　　21000

11月13日，以银行转账支票的方式支付了外购材料运杂费4000元，凭证号为银付字03号，其账务处理如下。

借：管理费用　　4000

贷：银行存款　　　　　　　　　　　　4000

公司出纳小刘根据以上经济业务事项应填制相关银行存款日记账，具体登记如表7-4所示。

表 7-4

银行存款日记账

2018年		凭证		摘　要	对方科目	借方金额	贷方金额	借或贷	余额
月	日	字	号						
11	1			月初余额				借	5600000
11	1	银收	01	存入汇票存款	其他货币资金	200000		借	5800000
11	1	银付	01	提取现金	应付职工薪酬		30000	借	5770000
11	5	银收	02	销售矿泉水	主营业务收入	70250		借	5840250
11	9	银收	03	收回欠款	应收账款	500000		借	6340250
11	12	银付	02	购买糯米	原材料		21000	借	6319250
11	13	银付	03	支付运杂费	管理费用		4000	借	6315250

分类账的设置与登记

分类账如果按其所记录经济业务的详略程度划分，则可以分为总分类账和明细分类账。

（1）总分类账的设置与登记

总分类账是按照总分类账户分类登记全部经济业务的账簿。在总分类账中，应按照会计科目的编码顺序分设账户，并为相应的账户留有足够的账页便于登记。总分类账的登记内容如下。

◆ **摘要栏**：在科目汇总表账务处理形式下，填写“汇总某月1日至×日凭证”；在记账凭证汇总账务处理形式下，填写每一张汇总记账凭证的汇总依据，如“汇总第×号至第×号凭证”；按记账凭证逐笔登记的，填写凭证的相关摘要内容。

◆ **借、贷金额栏**：依据总账账户的借方或贷方发生额填写。

◆ **余额栏**：根据科目性质，按“期初余额+/-本期借方（贷方）发生额＝本期借方（贷方）余额”计算登记。

◆ **借或贷栏**：登记所记账科目的余额方向，若余额为零，则填写“平”字。

【实账处理】——登记2018年10月公司发生科目的总分类账

经核算，贤力公司2018年10月31日的应收账款借方发生额合计数为115660元，贷方发生额合计数为135600元，上月结余数额为借方148000元；应付职工薪酬借方发生额合计数为100764.55元，贷方发生额合计数为110150元，上月结余数额为贷方103200元；主营业务收入发生额合计数为借方1802534.25元，月底全部进行结转，上月发生额为1952404.88元。将以上账户登记总分类账，如表7-5～表7-7所示。

表 7-5

总分类账——应收账款

会计科目：应收账款

2018年		凭证		摘要	借方金额	贷方金额	借或贷	余额
月	日	字	号					
9	30	汇		本月合计			借	148000
10	31	汇	1	汇总本月1日至31日凭证	115660	135600	借	128060
				本月合计	115660	135600	借	128060

表 7-6

总分类账——应付职工薪酬

会计科目：应付职工薪酬

2018年		凭证		摘要	借方金额	贷方金额	借或贷	余额
月	日	字	号					
9	30	汇		本月合计			贷	103200
10	31	汇	1	汇总本月1日至31日凭证	100764.55	110150	贷	112585.45
				本月合计	100764.55	110150	借	112585.45

表 7-7

总分类账——主营业务收入

会计科目：主营业务收入

2018年		凭证		摘要	借方金额	贷方金额	借或贷	余额
月	日	字	号					
9	30	汇		本月合计	1952404.88	1952404.88	平	
10	31	汇	1	汇总本月1日至31日凭证	1802534.25	1802534.25	平	
				本月合计	1802534.25	1802534.25	平	

（2）明细分类账的设置与登记

明细分类账是总分类账的明细记录，它是按照二级科目账户或明细科目开设账页，分类、连续地登记经济业务以提供明细核算资料的账簿。

明细分类账的格式可以分为三栏式、多栏式及数量金额式，其各栏目的填制方法与总分类账的填制方法基本类似。

三栏式明细分类账应设借方、贷方和余额3个金额栏，一般适用于只进行金额核算的账户，如“应收账款”、“应付账款”及“其他应收款”等。三栏式明细分类账账页的格式如表7-8所示。

表 7-8

（账簿名称）

年		凭证		摘要	借方金额	贷方金额	借或贷	余额
月	日	字	号					

多栏式明细分类账的登记是将属于同一总账科目的各个明细科目合并在一张账页上进行登记，将借方或贷方栏按明细科目分设成若干专栏，适用于成本费用类科目的明细核算。管理费用明细分类账就属于多栏式明细分类账。具体的格式（以管理费用为例）如表7-9所示。

表 7-9

管理费用明细分类账

年		凭证		借方						贷方	余额
月	日	字	号	摘要	办公费	差旅费	业务招待费	……	合计		

数量金额式明细分类账是将数量、单价与金额同时显示在账页上的账簿，一般适用于既要核算金额又要核算数量的账户，比如“原材料”和“库存商品”等存货类账户。其具体的格式如表7-10所示。

表 7-10

（账簿名称）

类别：　　　　　　　　　　　　　　编号：
品名或规格：　　　　　　　　　　　货仓号：
储备定额：　　　　　　　　　　　　计量单位：

年		凭证		收入			发出			结存		
月	日	字	号	数量	单价	金额	数量	单价	金额	数量	单价	金额

登账的规矩

账簿是重要的财务信息档案，在启用账簿和登记账簿的时候都是有原则的，要在此原则下进行账簿的启用和登记才是符合相关规定的。

会计账簿的启用规则和登记流程

为了确保账簿记录的规范和完整，明确记账责任，在启用账簿时，应规范填写账簿封面、扉页和账页的内容。

在启用订本式账簿时，对未印刷顺序号的账簿，应从第一页到最后一页顺序编订页数；使用活页式账页，应按账页顺序编号，并定期装订成册。

每笔经济业务在完成会计凭证填制工作以后，要按照以下流程进行相关账簿的登记。

◆ 第一步，会计凭证的收尾工作。

将涉及现金、银行存款收付业务的会计凭证交给出纳人员，并由其完成如下工作：当履行了收、付款的行为后，必须在原始凭证上加盖收、付款戳记；在记账后，记账凭证中的“库存现金”或者“银行存款”科目应做出记账标识，并在记账凭证“出纳”处签章，以明确出纳人员对于库存现金和银行存款的保管责任；把登记凭证移交给记账会计。未涉及现金、银行存款收付业务的记账凭证，应当直接传递给记账会计进行记账。

◆ 第二步，会计人员登记明细分类账。

负责登记明细分类账的会计人员，需按照记账凭证登记相关的明细分类账，记账后需要在相应会计科目记账处进行记账标识，并在“记账”处签章，再将会计凭证传递给总账会计。

◆ 第三步，总账会计登记总分类账。

总账会计应根据记账凭证直接登记总分类账，或者定期采用一定的程序及方法，将该期间的记账凭证进行汇总后登记总分类账。

总分类账与明细分类账的平行登记

总分类账与所属明细分类账的核算内容是相同的，不过总分类账是将明细分类账进行归纳汇总后的反映，因此在登记时应该采用平行登记的方法。所谓平行登记，就是对于同一经济业务，一方面要登记该事项的总分类账，另一方面要在其所属的明细分类账中进行详细登记。

在借贷记账法下，总分类账与明细分类账之间的平行登记可概括为如下平行登记关系。

◆ 同一经济事项，在记入有关总分类账户的同时，又要记入相关的明细分类账户。

◆ 同一经济事项，在总分类账户和所属明细分类账户进行登记时，其记账方向相同。

◆ 同一经济事项，记入总分类账户和明细分类账户的金额或金额之和应当相同。

◆ 总分类账户的科目期初余额、本期发生额及期末余额和明细分类账户的期初余额、本期发生额及期末余额之和应当相等。

对账、结账和处理错账

会计是一项严谨的工作，为了避免工作中出现记账差错或计算差错等情况，在进行结账之前要将账簿上记录的内容与会计凭证进行核对，尤其是各账簿之间的数字核对，并核对账簿记录信息与实物或货币资金的实存数。每家企业都应当建立完善的对账制度，这也是财务人员日常工作中最重要的环节之一。在发现错账进行更正，确保会计信息无误后，才能进行结账。

对账的三大核对

对账即核对账目，是指为了保证账簿记录的正确、可靠，在会计核算中对账簿中的有关数据进行检查与核对工作。对账工作的主要内容包括账证核对、账账核对和账实核对。

（1）账证核对

财务人员需在月终时对账簿记录与会计凭证进行核对，以发现是否有错误，具体方法如下。

- ◆ 看总账同记账凭证汇总表是否相符。
- ◆ 看记账凭证汇总表同记账凭证是否相符。
- ◆ 看明细账同记账凭证及所涉及的支票号码和其他结算票据的种类等是否相符。

（2）账账核对

账账核对是指核对各种账簿之间是否相符，既包括对企业内各种账簿之间的相关指标进行核对，又包括将本企业与其他单位的往来账项进行核对，具体方法如下。

- ◆ 核对总账资产类科目各种账户与负债、所有者权益类科目各账户的余额合计数是否相符。
- ◆ 核对总账各账与所属明细账户的各项目之和是否相符。
- ◆ 核对会计部门的总账、明细账与有关职能部门的账、卡之间是否相符。

（3）账实核对

账实核对是指将各种财产物资的账面余额同实际数额之间进行核对，具体方法如下。

- ◆ 现金日记账的账面余额同现金实际库存数应当每日进行核对，当发现金额不符时，应当立即上报，待查明具体原因并经批准后进行处理。
- ◆ 银行存款日记账的账面余额与银行对账单在经过余额调节后进行核对，看是否相符。
- ◆ 各种材料物资明细分类账的账面余额与实存数量进行核对。
- ◆ 各种应收、应付款明细分类账的账面余额与有关债权、债务单位的账目进行定额核对。

错账的更正

财务人员在庞大的数据核算和繁多的经济业务记录中，难免会出现疏漏和各种各样的差错，而产生差错的原因有很多，可能是重记、漏记、数字记错、数字颠倒、数字错位、科目记错或借贷方向记反等。发生这些差错会影响会计信息的正确性，因此，财务人员必须查找出相应的错误并及时予以更正。

发现会计账簿的记录有错误，不能使用涂改液或橡皮等工具在账簿上直接进行涂改，只能通过规定的错账更正方法进行修改，主要有划线更正法、红字更正法和补充登记法3种。

（1）划线更正法

划线更正法也叫红线更正法，是在结账前发现记账凭证无误而账簿记录有文字或数字错误的情况下使用的。其方法是在错误的文字或者数字上画一条红线，再用蓝黑墨水笔在红线的上方写上正确的数字或文字，并由更正人员在修改处盖章，明确责任。划线后必须注意使得原来的错误字迹仍可辨认，以备审查。

（2）红字更正法

红字更正法也叫红字冲销法。在下列两种情况下，会计人员应采用红字更正法进行更正。

◆ 编制的记账凭证会计科目错误或者出现方向错误，导致账簿记录发生错误。可用红字填写一张和错误凭证相同的记账凭证，其中在“摘要”栏处注明“冲销×月×日第×号记账凭证错误”，并据此用红字登记入账，然后用蓝字再填写一张正确的记账凭证，并据此登记入账。

【实账处理】——凭证科目错误用红字更正法

公司在2018年10月28日使用库存现金698元购买办公用品一批，小罗在填制记账凭证时将“库存现金”填写成了“银行存款”，并根据错误的记账凭证登记了账簿。小罗做的错误的账务处理如下。

借：管理费用——办公费　　　　　698

　　贷：银行存款　　　　　　　　　698

发现错误后，小罗使用红字更正法更正错账。先使用红笔填制了如下会计分录的记账凭证。

借：管理费用——办公费　　　　　698

　　贷：银行存款　　　　　　　　　698

然后使用蓝色笔填制了一张有正确会计分录的记账凭证。

借：管理费用——办公费　　　　　698

　　贷：库存现金　　　　　　　　　698

◆ 编制的记账凭证中会计科目与方向没有错误，但所记金额大于应记金额，导致账簿记录发生错误。把多记的金额用红字填写一张和原来凭证相同的记账凭证，并据此用红字金额登记入账，以冲销多记的金额。

【实账处理】——凭证金额错误用红字更正法

公司在2018年10月30日使用库存现金563元购买绿色植物一批，小罗在填制记账凭证时将“563”填写成了“663”，并根据错误的记账凭证登记了账簿。小罗做的错误的账务处理如下。

借：管理费用——办公费　　　　　663

　　贷：库存现金　　　　　　　　　663

发现错误后，小罗使用红字更正法更正错账。小罗使用红笔填制了如下会计分录的记账凭证。

借：管理费用——办公费　　　　　　100

　　贷：库存现金　　　　　　　　　　100

据此用红字金额登记账簿，以冲销多记的金额。

（3）补充登记法

编制的记账凭证中的会计科目与方向没有错误，但所填写的金额小于应记金额，导致账簿记录出现错误。把少记的金额用蓝字填写一张与原凭证相同的记账凭证，并据此登记入账。

【实账处理】——用补充登记法更正一笔错账

公司在2018年11月15日使用库存现金198元购买药品以备员工平时上班期间身体不适使用。小罗在填制记账凭证时将“198”填写成了“189”，并根据错误的记账凭证登记了账簿。小罗做的错误的账务处理如下。

借：管理费用——福利费　　　　　　189

　　贷：库存现金　　　　　　　　　　189

发现错误后，小罗使用补充登记法编制了记账凭证，用蓝字编写的会计分录如下。

借：管理费用——福利费　　　　　　9

　　贷：库存现金　　　　　　　　　　9

然后据此登记账簿，补给少记的金额。

结账的相关知识

结账是为了总结企业在一个会计期间经济活动的财务收支状况，并据此编制财务会计报表，而对各种账簿的本期发生额及期末余额进行的计算总结。

（1）结账的基本程序

结账工作需要按照一定的顺序进行，这样可提高结账效率。基本程序如下。

◆ 把本期发生的经济业务事项全部登记入账，并且保证准确性。
◆ 按照权责发生制的要求调整有关账项，并合理确定本期应计收入及应计费用。
◆ 把损益类科目转入“本年利润”科目，并结平所有损益类科目。
◆ 结算各种资产、负债及所有者权益账户，分别结出各账户的本期发生额与期末余额，然后结转至下期，以作为下期的期初余额。

提示：年度结束时的结账

一个会计年度结束时，在下一会计年度新建的相关会计账簿的第一行余额栏内，应填写上一会计年度结转的余额，并在摘要栏处注明“上年结转”字样，以标明金额的由来。

（2）结账的方法

结账是在月末、季末或年末进行的，也可以据此分为月结、季结和年结。我国会计实务主要采用划线结账的方法。

◆ **月结**：在每月月末结账时，在最后一笔经济业务记录下面通栏画单红线，再结出本月借、贷方发生额和余额，写在红线下面一栏，在“摘要”栏内注明“本月合计”字样，在此栏下再画一条单红线。若账户本月未发生经济业务，则可不进行月结。
◆ **季结**：在季末最后一月的月结数字的红线下面一行，除结计本月合计数外，还需在“本月合计”下一栏将本季度3个月的借、贷发生额进行加总，“余额”栏与“本月合计”栏余额相等。在“摘要”栏内注明“本季合计”字样，同时在“本月合计”和“本季合计”的下面通栏画单红线。

- **年结**：年终结账时，要将全年发生额和年末余额进行结算，在“摘要”栏内注明“本年合计”字样，并在“合计”栏下通栏画双红线，表示全年账户结账并封账。有余额的账户，需要将余额结转至下年度，则在“本年合计”的下一行“摘要”栏内注明“结转下年”字样。

（3）电算化下如何结账

现在多数企业已经使用电算化进行财务处理，也就是我们常说的利用财务软件进行会计核算，所有的结账工作也都是由计算机自动完成的。计算机在通过对所有账户的本期发生额和期末余额进行处理的同时，检查会计凭证是否全部登记入账、是否已经审核，再根据试算平衡的结果进行结账工作。电算化下的结账工作需要注意以下几点。

- **专人负责**：在电算化下，结完账是不能再进行凭证的输入或修改的。会计结账工作应由专人负责，避免因其他人员错误操作而影响电算化系统的正常工作。
- **结账前的检查**：虽然电算化能完成试算平衡并自行判断是否能进行下一步结账工作，但有些错误是电算化无法识别的，比如，会计科目的记录错误是电算化通过试算平衡无法检查出来的，需要财务人员自行检查。
- **数据备份**：在电算化操作系统下，会计人员应当注意数据的备份。在进行结账前，系统会自动提示进行数据备份，可以在出现结账不正确的情况下恢复重做。

账簿的保管与更换

账簿是企业重要的经济档案，企业在会计年度开始的时候都要更换使用新的会计账簿（某些特殊账簿除外），同时对旧账簿加以妥善保管。账簿的保管必须建立管理制度，账簿管理分为平时管理和归档保管两部分。

（1）账簿平时管理的具体要求

各种账簿要分工明确，指定专人管理，账簿经管人员既要负责记账、对账和结账等工作，又要负责保证账簿安全。会计账簿未经领导、会计负责人或者有关人员批准，非经管人员不能随意翻阅查看会计账簿。会计账簿除需要与外单位核对外，一般不能携带外出，对携带外出的账簿，一般应由经管人员或会计主管人员指定专人负责。会计账簿不能随意交与其他人员管理，以保证账簿安全和防止任意涂改账簿等问题发生。

（2）旧账归档保管的具体要求

年度终了更换并启用新账后，对更换下来的旧账要整理装订，造册归档。归档前旧账的整理工作包括：检查和补齐应办的手续，如改错盖章、注销空行和空页及结转余额等。

活页账应撤出未使用的空白账页，再装订成册，并注明各账页号数。旧账装订时应注意：活页账一般按账户分类装订成册，一个账户装订成一册或数册；某些账户账页较少，也可以合并装订成一册。装订时应检查账簿扉页的内容是否填写齐全。装订后应由经办人员、装订人员和会计主管人员在封口处签名或盖章。

旧账装订完毕应编制目录和编写移交清单，然后按期移交档案部门保管。各种账簿同会计凭证和会计报表一样，都是重要的经济档案，必须按照制度统一规定的保存年限妥善保管，不得丢失和任意销毁。

账簿保管期满后需要销毁时，由档案保管部门提出销毁意见，和财务部门协商决定，编造销毁清册，然后报单位领导批准后方可销毁。销毁时，应当由档案保管部门、财务部门和相关部门共同监销。

不同的会计档案有不同的保管期限，具体情况如图7-2所示。

序号	档案名称	保管期限	备注
一	**会计凭证**		
1	原始凭证	30年	
2	记账凭证	30年	
二	**会计账簿**		
3	总账	30年	
4	明细账	30年	
5	日记账	30年	
6	固定资产卡片		固定资产报废清理后保管5年
7	其他辅助性账簿	30年	
三	**财务会计报告**		
8	月度、季度、半年度财务会计报告	10年	
9	年度财务会计报告	永久	
四	**其他会计资料**		
10	银行存款余额调节表	10年	
11	银行对账单	10年	
12	纳税申报表	10年	
13	会计档案移交清册	30年	
14	会计档案保管清册	永久	
15	会计档案销毁清册	永久	
16	会计档案鉴定意见书	永久	

图7-2

为了清晰地反映各个会计年度的财务状况和经营成果，在每个会计年度开始时，一般都要启用新的会计账簿。

订本账一般适用于具有统驭性和重要性的总分类账、库存现金日记账和银行存款日记账等账簿的登记。这类账簿一般一年更换一次，不得跨年度使用。但是固定资产明细账或固定资产卡片都可以跨年继续使用，不必每年更换新的账簿。

年度终了，在本年有余额的账户“摘要”栏内注明“结转下年”字样。在更换新账时，注明各账户的年份，在第一行“日期”栏内写明1月1日；“凭证种类号数”栏空置不填；在新账“摘要”栏内注明“上年结转”字样，将各账户的年末余额直接抄写入新账“余额”栏内，并注明余额的借贷方向。过入新账的有关账簿余额的结转事项，不需要编制记账凭证，也不必将余额再记入本年账户的借方或贷方而使本年有余额的账户的余额为零。结转后的账簿格式如表7-11所示。

表 7-11

总分类账

会计科目：库存商品

2018年		凭证		摘要	借方金额	贷方金额	借或贷	余额
月	日	字	号					
1	1			上年结转			借	5000000

贤力公司2018年12月会计账簿的登记

会计账簿是企业经济业务最为详细和系统的记录，所以在登记账簿时一定要认真仔细，尽量减少错误，为后期工作减少不必要的麻烦。下面以第2章和第3章综合案例中贤力公司2018年12月发生的经济业务为例，进行会计账簿登记，具体如表7-12～表7-43所示。

表 7-12

现金日记账

2018年		凭证		摘 要	对方科目	借方金额	贷方金额	借或贷	余额
月	日	字	号						
12	1			月初余额				借	3000
12	6	记	5	收到政府扶持基金	营业外收入	10000		借	13000
12	15	记	13	向银行提取现金	银行存款	153285		借	166285
12	15	记	13	报销费用	管理费用		4600	借	161685
12	15	记	13	发放工资	应付职工薪酬		148685	借	13000
12	15	记	14	支付公司罚款	营业外支出		10000	借	3000
12	18	记	16	收到包装物押金	其他应付款	2500		借	5500
12	21	记	17	收到暂借款退款	其他应收款	500		借	6000

表 7-13

银行存款日记账

2018年		凭证		摘　要	对方科目	借方金额	贷方金额	借或贷	余额
月	日	字	号						
12	1			月初余额				借	256910.47
12	1	记	1	向银行申请短期借款	短期借款	150000		借	406910.47
12	3	记	3	购进加工牛肉的设备	固定资产/应交税费		139200	借	267710.47
12	5	记	4	购买一台空调	在建工程/应交税费		34800	借	232910.47
12	10	记	8	收到白家好公司货款	财务费用/应收账款	113680		借	346590.47
12	12	记	9	销售矿泉水	主营业务收入/应交税费	34800		借	381390.47
12	13	记	10	收到美力公司订购款	预收账款	50000		借	431390.47
12	13	记	10	支付华康面粉厂定金	预付账款		10000	借	421390.47
12	13	记	11	销售A添加剂	其他业务收入	15080		借	436470.47
12	15	记	13	向银行提取现金	库存现金		153285	借	283185.47
12	17	记	15	支付摊位租赁费	销售费用		2000	借	281185.47
12	19	记	17	向公司借款	其他应收款		4000	借	277185.47

表 7-14

应收票据明细账

2018年		凭证		摘　要	借方金额	贷方金额	借或贷	余额
月	日	字	号					
12	1			期初余额			借	120000
12	6	记	6	销售八宝粥	17400		借	137400
				本月合计	17400		借	137400

表 7-15

应收账款明细账

2018年		凭证		摘要	借方金额	贷方金额	借或贷	余额
月	日	字	号					
12	1			期初余额			借	830002
12	2	记	2	销售方便面	116000		借	946002
12	10	记	8	收到白家好公司货款		116000	借	830002
				本月合计	116000	116000	借	830002

表 7-16

预付账款明细账

2018年		凭证		摘要	借方金额	贷方金额	借或贷	余额
月	日	字	号					
12	1			期初余额				
12	13	记	10	向华康面粉厂支付定金	10000		借	10000
				本月合计	10000		借	10000

表 7-17

其他应收款明细账

2018年		凭证		摘要	借方金额	贷方金额	借或贷	余额
月	日	字	号					
12	1			期初余额			借	35000
12	19	记	17	员工小易向公司借款	4000		借	39000
12	21	记	17	报销差旅费		4000	借	35000
				本月合计	4000	4000	借	35000

表 7-18

原材料明细账

2018年		凭证		摘　要	借方金额	贷方金额	借或贷	余额
月	日	字	号					
12	1			期初余额			借	850043
12	12	记	7	添加剂入库	33000		借	883043
12	13	记	11	结转A添加剂成本		6400	借	876643
12	14	记	12	分配耗用材料		8300	借	868343
				本月合计	33000	14700	借	868343

表 7-19

在途物资明细账

2018年		凭证		摘　要	借方金额	贷方金额	借或贷	余额
月	日	字	号					
12	1			期初余额				
12	10	记	7	购买添加剂	33000		借	33000
12	12	记	7	添加剂入库		33000	平	
				本月合计	33000	33000	平	

表 7-20

短期借款明细账

2018年		凭证		摘　要	借方金额	贷方金额	借或贷	余额
月	日	字	号					
12	1			期初余额			贷	320000
12	1	记	1	向银行申请短期借款		150000	贷	470000
				本月合计		150000	贷	470000

表 7-21

库存商品明细账

2018年		凭证		摘要	借方金额	贷方金额	借或贷	余额
月	日	字	号	期初余额			借	506000
12	2	记	2	结转方便面成本		50000	借	456000
12	6	记	6	结转八宝粥成本		10000	借	446000
12	31	记	21	结转生产成本	136500		借	582500
				本月合计	136500	60000	借	582500

表 7-22

固定资产明细账

2018年		凭证		摘要	借方金额	贷方金额	借或贷	余额
月	日	字	号					
12	1			期初余额			借	1853000
12	3	记	3	购进加工牛肉设备	120000		借	1973000
12	5	记	4	空调转入固定资产	30500		借	2003500
				本月合计	150500		借	2003500

表 7-23

累计折旧明细账

2018年		凭证		摘要	借方金额	贷方金额	借或贷	余额
月	日	字	号					
12	1			期初余额			贷	243000
12	31	记	19	计提折旧		57000	贷	300000
				本月合计		57000	贷	300000

表 7-24

在建工程明细账

2018年		凭证		摘要	借方金额	贷方金额	借或贷	余额
月	日	字	号					
12	1			期初余额			借	523000
12	5	记	4	购买一台空调	30500		借	553500
12	5	记	4	转入固定资产		30500	借	523000
				本月合计	30500	30500	借	523000

表 7-25

应付账款明细账

2018年		凭证		摘要	借方金额	贷方金额	借或贷	余额
月	日	字	号					
12	1			期初余额			贷	653200.45
12	10	记	7	购买添加剂		38280	贷	691480.45
				本月合计		38280	贷	691480.45

表 7-26

预收账款明细账

2018年		凭证		摘要	借方金额	贷方金额	借或贷	余额
月	日	字	号					
12	1			期初余额				
12	13	记	10	收到美力公司订购款		50000	贷	50000
				本月合计		50000	贷	50000

表 7-27

应付职工薪酬明细账

2018年		凭证		摘　要	借方金额	贷方金额	借或贷	余额
月	日	字	号					
月	日			期初余额			贷	480000
12	5	记	4	空调安装人员工资		500	贷	480500
12	15	记	13	发放工资等	148685		贷	331815
12	15	记	13	结转工资		148685	贷	480500

表 7-28

应交税费明细账

2018年		凭证		摘　要	借方金额	贷方金额	借或贷	余额
月	日	字	号					
12	1			期初余额			贷	203045
12	2	记	2	销售方便面		16000	贷	219045
12	3	记	3	购进加工牛肉设备	19200		贷	199845
12	5	记	4	购买一台空调	4800		贷	195045
12	6	记	6	销售八宝粥		2400	贷	197445
12	10	记	7	购买添加剂	5280		贷	192165
12	12	记	9	销售矿泉水		4800	贷	196965
12	13	记	11	销售A添加剂		2080	贷	199045
				本月合计	29280	25282	贷	199045

表 7-29

其他应付款明细账

2018年		凭证		摘　要	借方金额	贷方金额	借或贷	余额
月	日	字	号					
12	1			期初余额			贷	13200
12	18	记	16	收到包装物押金		2500	贷	15700
				本月合计		2500	贷	15700

表 7-30

盈余公积明细账

2018年		凭证		摘　要	借方金额	贷方金额	借或贷	余额
月	日	字	号					
12	1			期初余额			贷	203000
12	31	记	18	提取盈余公积		169.5	贷	200369.5
				本月合计		169.5	贷	200369.5

表 7-31

本年利润明细账

2018年		凭证		摘　要	借方金额	贷方金额	借或贷	余额
月	日	字	号					
12	1			期初余额			贷	66730.82
12	31	记	18	结转各项成本	166305		借	95574.18
12	31	记	18	结转各项收入		168000	贷	68425.82
12	31	记	18	本年利润转利润分配	1695		贷	66730.82
				本月合计	168000	168000	贷	66730.82

表 7-32

利润分配明细账

2018年		凭证		摘 要	借方金额	贷方金额	借或贷	余额
月	日	字	号					
12	1			期初余额			贷	408000
12	31	记	18	本年利润转利润分配		1695	贷	409695
12	31	记	18	提取盈余公积	169.5		贷	409525.5
12	31	记	18	结转利润分配	169.5		贷	409356
12	31	记	18	结转利润分配		169.5	贷	409525.5
				本月合计	339	1864.5	贷	409525.5

表 7-33

主营业务收入明细账

2018年		凭证		摘 要	借方金额	贷方金额	借或贷	余额
月	日	字	号					
12	1			期初余额				
12	2	记	2	销售方便面		100000	贷	100000
12	6	记	6	销售八宝粥		15000	贷	115000
12	12	记	9	销售矿泉水		30000	贷	145000
12	31	记	18	结转各项收入	145000		平	
				本月合计	145000	145000	平	

表 7-34

其他业务收入明细账

2018年		凭证		摘 要	借方金额	贷方金额	借或贷	余额
月	日	字	号					
12	1			期初余额				
12	13	记	11	销售A添加剂		13000	贷	13000
12	31	记	18	结转各项收入	13000		平	
				本月合计	13000	13000	平	

表 7-35

营业外收入明细账

2018年		凭证		摘 要	借方金额	贷方金额	借或贷	余额
月	日	字	号					
12	1			期初余额				
12	6	记	5	收到政府扶持基金		10000	贷	10000
12	31	记	18	结转各项收入	10000		平	
				本月合计	10000	10000	平	

表 7-36

营业外支出明细账

2018年		凭证		摘 要	借方金额	贷方金额	借或贷	余额
月	日	字	号					
12	1			期初余额				
12	15	记	14	支付公司罚款	10000		借	10000
12	31	记	18	结转各项成本		10000	平	
				本月合计	10000	10000	平	

表 7-37

主营业务成本明细账

2018年		凭证		摘　要	借方金额	贷方金额	借或贷	余额
月	日	字	号					
12	1			期初余额				
12	2	记	2	结转方便面成本	50000		借	50000
12	6	记	6	结转八宝粥成本	10000		借	60000
12	31	记	18	结转各项成本		60000	平	
				本月合计	60000	60000	平	

表 7-38

其他业务成本明细账

2018年		凭证		摘　要	借方金额	贷方金额	借或贷	余额
月	日	字	号					
12	1			期初余额				
12	13	记	11	结转A添加剂成本	6400		借	6400
12	31	记	18	结转各项成本		6400	平	
				本月合计	6400	6400	平	

表 7-39

销售费用明细账

2018年		凭证		摘　要	借方金额	贷方金额	借或贷	余额
月	日	字	号					
12	1			期初余额				
12	15	记	13	结转销售人员工资	23885		借	23885
12	17	记	15	支付摊位租赁费	2000		借	25885
12	31	记	18	结转各项成本		25885	平	
				本月合计	25885	25885	平	

表 7-40

财务费用明细账

2018年		凭证		摘　要	借方金额	贷方金额	借或贷	余额
月	日	字	号					
12	1			期初余额				
12	10	记	8	收到白家好公司货款	2320		借	2320
12	31	记	18	结转各项成本		2320	平	
				本月合计	2320	2320	平	

表 7-41

生产成本明细账

2018年		凭证		摘要	借方金额	贷方金额	借或贷	余额	直接材料	直接工资	防腐费用	折旧费用	水电费用	制造费用
月	日	字	号											
12	14	记	12	分配耗用材料	4200		借	4200	4200					
12	15	记	13	结转工资	93600		借	97800		93600				
12	31	记	19	计提折旧	27000		借	124800				27000		
12	31	记	20	结转制造费用	11700		借	136500						11700
12	31	记	21	结转生产成本		136500	平							
				本月合计	136500	136500	平		4200	93600		27000		11700

表 7-42

制造费用明细账

2018年		凭证		摘要	借方金额	贷方金额	借或贷	余额	直接材料	直接工资	折旧费用	福利费用	劳保支出	燃料费用
月	日	字	号											
12	14	记	12	分配耗用材料	1700		借	1700	1700					
12	31	记	19	计提折旧	10000		借	11700			10000			
12	31	记	20	结转制造费用		11700	平							
				本月合计	11700	11700	平		1700		10000			

表 7-43

管理费用明细账

2018年		凭证		摘 要	借方金额	贷方金额	借或贷	余额	材料费	差旅费	业务招待费	工资	折旧费用	
月	日	字	号											
12	14	记	12	分配耗用材料	2400		借	2400	2400					
12	15	记	13	报销差旅费和招待费等	3000		借	5400		3000				
12	15	记	13	报销差旅费和招待费等	1600		借	7000			1600			
12	15	记	13	结转管理部门员工的工资	31200		借	38200				31200		
12	19	记	17	小易报销差旅费	3500		借	41700		3500				
12	31	记	18	结转各项成本		61700	贷	20000					20000	
12	31	记	19	计提折旧	20000		平		2400	6500	1600	31200	20000	

Chapter 08

反映公司的晴雨表：财报的编制

OPTIONS

【本章要点】

财务报表概述

财务报表是会计主体对外提供的反映会计主体财务状况和经营成果的会计报表，主要包括反映企业在特定时期财务状况的资产负债表，反映企业在某一会计期间经营成果的利润表以及反映企业资金的来源渠道和运用去向的现金流量表等。

财务报表的分类

企业的财务报表可以按照不同的标准分为不同的类型。

（1）按财务报表的服务对象

按财务报表使用者（服务对象）分类，可分为对外报表和对内报表。对外报表是企业必须定期编制，定期向上级主管部门、投资者及财税部门等报送或按规定向社会公布的财务报表。这是一种主要的、定期规范化的财务报表，它要求有统一的报表格式、指标体系和编制时间等，资产负债表、利润表和现金流量表等均属于对外报表。对内报表是企业根据其内部经营管理的需要而编制的、供其内部管理人员使用的财务报表。它不要求统一格式，也不要求统一指标体系，如成本报表就属于对内报表。

（2）按编制和报送的时间

按编制和报送的时间分类，财务报表可分为中期财务报表和年度财务报表。中期财务报表包括月度、季度和半年期财务报表；年度财务报表是全面反映企业整个会计年度的经营成果、现金流量情况及年末财务状况的财务报表。企业每年年底必须编制并报送年度财务报表。

（3）按编报单位

按编报单位分类，可分为基层财务报表和汇总财务报表。基层财务报表是由独立核算的基层单位编制的，是用以反映本单位财务状况和经营成果的报表；汇总财务报表是指上级和主管部门将本身的财务报表与其所属单位报送的基层财务报表汇总编制而成的财务报表。

（4）按编报的会计主体

按编报的会计主体分类，可分为个别报表和合并报表。个别报表是指在由母公司和子公司组成的具有控股关系的企业集团中，以母公司和子公司各自为主体分别单独编制的报表，用以分别反映母公司和子公司本身各自的财务状况、经营成果和现金流量情况。合并报表是以由母公司和子公司组成的企业集团为一个会计主体，以母公司和子公司单独编制的个别财务报表为基础，由母公司编制的综合反映企业集团经营成果、财务状况及其资金变动情况的财务报表。

编制财务报表的要求

编制财务报表有以下5个要求。

（1）真实性

只有会计报表所提供的各项指标数据真实可信，才能为报表使用者的决策和管理提供可靠的依据。而为了保证会计报表数据的真实性，企业必须做到账证相符、账账相符和账表相符，坚决杜绝在编制和计算时弄虚作假、隐瞒虚报，或者提前结账、不合理估计数据的错误行为。

（2）完整性

财务报表要按照规定进行编制，不得漏编、漏报报表，也不应该漏填、漏列报表项目。在不同的会计期间应当编报的各种财务报表，都应该编报齐全。对于报表中列示的各项指标，不得随意取舍，无论是表内项目还是补充资料，都必须填列齐全。如果有的项目无数据填列，则应在“金额”栏用一条横线划去，以表示此项目无数据填报。报表中需要加以说明的项目，应在报表附注中用文字简要说明。

（3）谨慎性

会计报表的编制必须以核对无误的账簿记录为依据，报表中的数据计算必须准确，严禁出现计算错误，报表与报表之间、指标与指标之间的有关数据应有相关性。所以，要求采用正确的计算方法，保证计算结果准确。同时也应注重谨慎性原则的运用，对不确定因素，如应收账款的可收回程度等，可遵循谨慎性原则，即在有不确定因素的情况下做出要求的预计时，要进行谨慎判断，既不抬高资产或收益，也不过分压低费用。

（4）及时性

会计报表必须遵守规定的报送期限，在会计期间结束后及时编制，并在规定期限内报出，以保证会计报表的及时性，使本单位及外部有关单位充分利用报表资料进行有效的管理和决策。

（5）可比性

企业之间的报表指标应力求一致，以便使用者能做出有效的比较。同一家企业不同时期的报表指标也应保持连贯性和可比性。若客观情况发生变化，确有必要改变原有的原则、程序和方法的，则应履行相关手续，并说明变化的必要性及由此产生的影响。

公司的实力——资产负债表

资产负债表是反映企业某一特定日期的财务状况的报表，是企业截至某天的财务状况，所以也是一张静态的财务报表。

资产负债表的作用

资产负债表通过对企业某一时点的资产、负债和所有者权益的静态反映描述了企业的财务状况。它是根据“资产＝负债+所有者权益”这一平衡公式，将企业某一时点的资产、负债和所有者权益予以适当排列编制而成的。资产负债表的作用如图8-1所示。

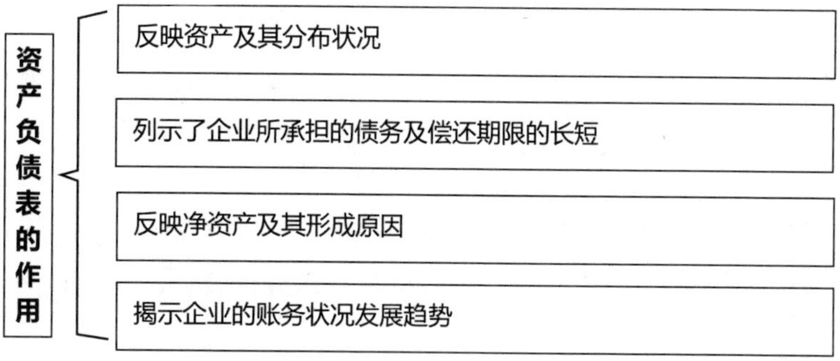

图8-1

资产负债表的内容和格式

资产负债表包含企业的资产、负债和所有者权益3个大类的项目，它们之间存在着一定的钩稽关系，将各要素的会计科目分为左、右两边列示，成为资产负债表的内容。

（1）资产

企业的资产是反映企业由过去的交易事项形成的，并且是由企业拥有或控制的，在可以预计的将来能给企业带来经济利益的资源。在资产负债表中，按照资产的流动性大小进行列示，表明企业拥有或控制的经济资源及其分布情况。

表中列示的流动资产科目有：货币资金、交易性金融资产、应收票据、应收账款、预付账款、应收利息、应收股利、其他应收款、存货和一年内到期的非流动资产等。

表中列示的非流动资产科目有：长期应收款、长期股权投资、投资性房地产、固定资产、在建工程、工程物资、固定资产清理及无形资产等。

（2）负债

负债就是企业的欠债，是某一特定日期下企业所承担的、预期会导致企业经济利益流出的义务。在资产负债表中，按照偿还期的长短来对各项负债科目进行列示，分为流动负债和非流动负债。

表中列示的流动负债科目有：短期借款、应付票据、应付账款、预收账款、应付职工薪酬、应交税费、应付利息、应付股利、其他应付款及一年内到期的非流动负债等。

表中列示的非流动负债科目有：长期借款、应付债券和长期应付款等。

（3）所有者权益

所有者权益是企业资产扣除负债后的剩余权益，是企业所有者对企业净资产的要求权，在数量上等于企业全部资产减去全部负债后的余额。

表中列示的所有者权益科目有：实收资本（股本）、资本公积、盈余公积和未分配利润等。资产负债表的格式如表8-1所示。

表 8-1

资产负债表

编制单位:　　　　　　　　年　　月　　日　　　　　　　　单位:

资　　产	年初数	期末数	负债和所有者权益（或股东权益）	年初数	期末数
流动资产:			流动负债:		
货币资金			短期借款		
交易性金融资产			应付票据		
应收票据			应付账款		

续表

资　　产	年初数	期末数	负债和所有者权益（或股东权益）	年初数	期末数
应收账款			预收账款		
预付账款			应付职工薪酬		
应收利息			应交税费		
应收股利			应付利息		
其他应收款			应付股利		
存货			其他应付款		
一年内到期的非流动资产			一年内到期的非流动负债		
其他流动资产			其他流动负债		
流动资产合计			流动负债合计		
非流动资产:			非流动负债:		
可供出售金融资产			长期借款		
持有至到期投资			应付债券		
长期应收款			长期应付款		
长期股权投资			递延所得税负债		
投资性房地产			其他非流动负债		
固定资产			非流动负债合计		
在建工程			负债合计		
工程物资			所有者权益:		
固定资产清理			实收资本（股本）		
无形资产			资本公积		
研发支出			减：库存股		
长期待摊费用			盈余公积		
递延所得税资产			未分配利润		
非流动资产合计			所有者权益合计		
资产总计			负债和所有者权益总计		

资产负债表的填列

资产负债表的“年初数”应根据上年度末的资产负债表的“期末数”填列。资产负债表各项目的“期末数”的内容和填列规范如表8-2所示。

表 8-2

项目	填列规范
货币资金	根据“库存现金”、“银行存款”和“其他货币资金”三个总账科目的期末余额合计数填列
交易性金融资产	反映企业为交易目的而持有的债券、股票和基金等交易性金融资产，根据“交易性金融资产”账户的期末余额填列
应收票据	反映企业收到的未到期的商业汇票等应收票据余额，根据“应收票据”科目的期末余额填列
应收账款	根据企业“应收账款”科目所属各明细科目的期末借方余额合计数，减去“坏账准备”科目中有关应收账款计提的坏账准备期末余额后的金额填列。若“应收账款”科目所属明细科目期末有贷方余额，则应在“预收账款”科目内填列
预付账款	根据“预付账款”和“应付账款”所属各明细账户的期末借方余额合计数，减去“坏账准备”科目中有关预付账款计提的坏账准备期末余额后的金额填列
应收利息	根据“应收利息”账户的期末余额填列
应收股利	根据“应收股利”账户的期末余额填列
其他应收款	根据“其他应收款”科目的期末余额，减去“坏账准备”科目中有关其他应收款计提的坏账准备期末余额后的金额填列
存货	根据“材料采购”、“在途物资”、“原材料”、“库存商品”和“周转材料”等账户的期末余额合计数，减去“存货跌价准备”账户期末余额后的金额填列
一年内到期的非流动资产	反映企业非流动资产项目中在一年内到期的金额，包括一年内到期的持有至到期投资、长期待摊费用和一年内可收回的长期应收款。根据“持有至到期投资”、“长期待摊费用”和“长期应收款”等账户分析计算后填列
其他流动资产	除上述流动资产项目以外的其他流动资产，根据相关账户期末余额填列
可供出售金融资产	根据“可供出售金融资产”账户的期末余额填列
持有至到期投资	根据“持有至到期投资”账户的期末余额减去一年内到期的投资部分的金额，以及减去“持有至到期投资减值准备”账户的期末余额后的金额填列
长期应收款	根据“长期应收款”账户的期末余额减去一年内到期的部分金额及“坏账准备”账户中长期应收款计提的坏账损失后的金额填列

续表

项目	填列规范
长期股权投资	根据“长期股权投资”账户的期末余额减去“长期股权投资减值准备”账户期末余额后的金额填列
投资性房地产	根据“投资性房地产”账户的期末余额填列
固定资产	根据“固定资产”账户的期末余额减去“累计折旧”和“固定资产减值准备”等账户期末余额后的金额填列
在建工程	根据“在建工程”账户的期末余额填列
工程物资	根据“工程物资”账户的期末余额填列
固定资产清理	根据“固定资产清理”账户的期末借方余额填列
无形资产	根据“无形资产”账户的期末余额减去“无形资产减值准备”和“累计摊销”等账户的期末余额后的金额填列
研发支出	根据“研发支出”账户的期末余额填列
长期待摊费用	根据“长期待摊费用”账户的期末余额减去将于一年内摊销的数额后的金额填列
商誉	根据“商誉”账户的期末余额填列
递延所得税资产	根据“递延所得税资产”账户的期末余额填列
其他非流动资产	除上述非流动资产以外的其他长期资产，根据相关账户的期末余额填列
短期借款	根据“短期借款”账户的期末余额填列
交易性金融负债	根据“交易性金融负债”账户的期末余额填列
应付票据	根据“应付票据”账户的期末余额填列
应付账款	根据“应付账款”账户的期末贷方余额填列
预收账款	根据“预收账款”所属各明细科目的期末贷方余额填列
应付职工薪酬	根据“应付职工薪酬”账户的期末借方余额填列
应交税费	根据“应交税费”账户的期末贷方余额填列
应付利息	根据“应付利息”账户的期末余额填列
应付股利	根据“应付股利”账户的期末余额填列
其他应付款	根据“其他应付款”账户的期末余额填列

续表

项目	填列规范
一年内到期的非流动负债	根据“长期借款”、“长期应付款”和“应付债券”等账户分析计算后的金额填列
其他流动负债	除以上流动负债外的其他流动负债，根据相关账户的期末余额填列
长期借款	根据“长期借款”账户的期末余额减去一年内到期部分的金额后的余额填列
应付债券	根据“应付债券”账户的期末余额减去所属相关明细科目中将于一年内到期的金额后的余额填列
长期应付款	根据“长期应付款”账户的期末余额减去一年内到期部分的金额后的余额填列
递延所得税负债	根据“递延所得税负债”账户的期末余额填列
其他非流动负债	除上述长期负债外的其他长期负债，根据相关账户的期末余额填列
实收资本（股本）	根据“实收资本（股本）”账户的期末余额填列
资本公积	根据“资本公积”账户的期末余额填列
盈余公积	根据“盈余公积”账户的期末余额填列
未分配利润	根据“本年利润”和“未分配利润”账户的期末余额分析计算的金额填列

公司的经营成果——利润表

利润表是反映企业在一定会计期间经营成果的报表。由于它反映的是某一期间的情况，所以又被称为动态报表。有时，利润表也被称为损益表或收益表。

利润表的作用

利润表反映一定会计期间企业的收入、成本、费用和利润（亏损）的数额及构成情况，是一张动态报表。报表的使用者可通过利润表全面了解企业的经营成果，分析企业的利润增减变化、获利能力和盈利增长趋势等。

（1）提供经营成果的分配依据

利润表反映的是企业在一定会计期间的经营成果，也就是该会计期间企业的利润，而表中统计的数据将作为企业投资者分配利润的依据。

（2）反映生产经营的各个方面

通过企业各个会计期间的纵向对比和与外部同行业企业的横向对比，有助于企业分析业绩，考核生产计划的完成情况。

（3）分析企业的获利能力

利润表有助于报表使用者预测企业未来的发展前景，进行投资决策，为分析企业的盈利能力、评估企业的获利能力提供了有效依据。

利润表的结构和格式

利润表由表头、正表和补充资料三部分构成，各部分的具体内容如下。

- **表头**：主要是报表的名称（利润表）、企业的名称、编号、金额单位和会计期间等。
- **正表**：主要是利润表的表内容，包括收入、费用和利润三部分的具体内容和相关数据。
- **补充资料**：揭示利润表正表中不便或不能反映的一些会计资料。

利润表一般有单步式和多步式两种格式，我国企业的利润表大多采用多步式格式。多步式利润表将收入和费用项目加以分类，按利润构成和分配分成两大部分。利润表的具体格式如表8-3所示。

表 8-3

利润表

编制单位: 年 月 单位:

项　　目	行次	本期数	本年累计数
一、营业收入	1		
减: 营业成本	2		
税金及附加	3		
销售费用	4		
管理费用	5		
财务费用	6		
资产减值损失	7		
加: 公允价值变动损益（损失以“-”号填列）	8		
其中: 对联营企业和合营企业的投资收益	9		
二、营业利润（亏损以“-”号填列）	10		
加: 营业外收入	11		
减: 营业外支出	12		
其中: 非流动资产处置损失	13		
三、利润总额（亏损以”-“号填列）	14		
减: 所得税费用	15		
四、净利润（亏损以”-“号填列）	16		
五、每股收益	17		
（一）基本每股收益	18		
（二）稀释每股收益	19		

利润表的填列

利润表的各项目“本期数”的内容和填列规范如表8-4所示。

表 8-4

项目	填列规范
营业收入	根据“主营业务收入”和“其他业务收入”账户的发生额分析计算的金额填列

续表

项目	填列规范
营业成本	根据“主营业务成本”和“其他业务成本”账户的发生额分析计算的金额填列
税金及附加	根据“税金及附加”账户的发生额分析填列
销售费用	根据“销售费用”账户的发生额填列
管理费用	根据“管理费用”账户的发生额填列
财务费用	根据“财务费用”账户的发生额填列
资产减值损失	根据“资产减值损失”账户的发生额填列
公允价值变动损益	根据“公允价值变动损益”账户的发生额填列
投资收益	根据“投资收益”账户的发生额填列
营业外收入	根据“营业外收入”账户的发生额填列
营业外支出	根据“营业外支出”账户的发生额填列
所得税费用	根据“所得税费用”账户的发生额填列

公司的资金链情况——现金流量表

现金流量表是反映一定会计期间现金和现金等价物流入和流出企业的报表，它让使用者可以实时了解企业的资金变动情况。

现金流量表的作用和格式

任何企业的经营管理都是由现金从始至终贯穿的，从现金到存货、应收账款再到现金的转换，都是企业生存和发展的保障。企业资金运转是否顺畅关系着企业的生产经营管理效率，保持现金的流入管道和输出管道的均衡是企业资金管理的一个重要问题。因此，现金流量表对投资者、企业管理者以及其他利益相关者来说，具有十分重要的作用。现金流量表的作用主要有如图8-2所示的几点。

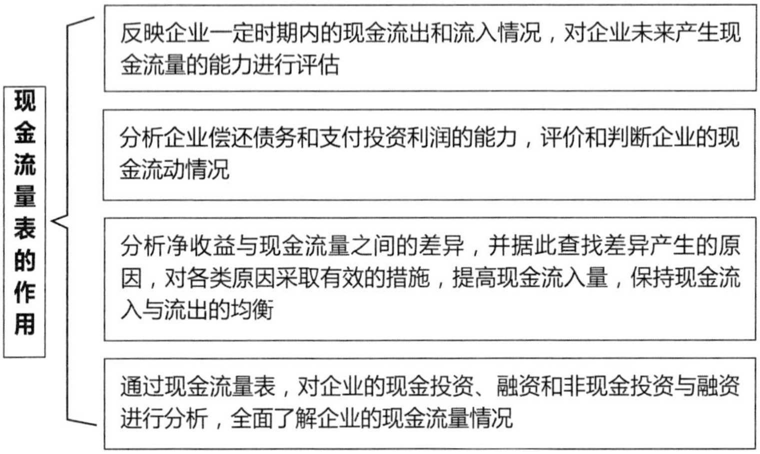

图8-2

我国现金流量表采用报告式的结构，分别反映了经营活动产生的现金流量、投资活动产生的现金流量和筹资活动产生的现金流量这三部分内容。现金流量表的格式如表8-5所示。

表 8-5

现金流量表

编制单位:　　　　　　　　　　年度　　　　　　　单位:

项　　目	本期金额	上年金额
一、经营活动产生的现金流量		
销售商品、提供劳务收到的现金		
收到的税费返还		
收到其他与经营活动有关的现金		
经营活动现金流入小计		
购买商品、接受劳务支付的现金		

续表

项　　目	本期金额	上年金额
支付给职工以及为职工支付的现金		
支付的各项税费		
支付其他与经营活动有关的现金		
经营活动现金流出小计		
经营活动产生的现金流量净额		
二、投资活动产生的现金流量		
收回投资收到的现金		
取得投资收益收到的现金		
处置固定资产、无形资产和其他长期资产收回的现金净额		
处置子公司及其他营业单位收到的现金净额		
收到其他与投资活动有关的现金		
投资活动现金流入小计		
购建固定资产、无形资产和其他长期资产支付的现金		
投资支付的现金		
取得子公司及其他营业单位支付的现金净额		
支付其他与投资活动有关的现金		
投资活动现金流出小计		
投资活动产生的现金流量净额		
三、筹资活动产生的现金流量		
吸收投资收到的现金		
取得借款收到的现金		
收到其他与筹资活动有关的现金		
筹资活动现金流入小计		
偿还债务支付的现金		
分配股利、利润或偿付利息支付的现金		
支付其他与筹资活动有关的现金		
筹资活动现金流出小计		
筹资活动产生的现金流量净额		
四、汇率变动对现金及现金等价物的影响		
五、现金及现金等价物净增加额		
加：期初现金及现金等价物余额		
六、期末现金及现金等价物余额		

现金流量表的填列

现金流量表各项目的内容和填列规范如表8-6所示。

表 8-6

项目	填列规范
销售商品、提供劳务收到的现金	反映企业前期和本期销售商品、提供劳务收到的现金以及预收的款项，减去前期或本期销售退回商品支付的现金
收到的税费返还	反映企业收到返还的增值税、所得税和消费税等税费
收到其他与经营活动有关的现金	反映企业经营租赁收到的租金和其他与经营活动有关的现金流入，金额较大的应当单独列示
购买商品、接受劳务支付的现金	反映企业本期购买商品、接受劳务实际支付的现金，以及本期支付前期购买商品、接受劳务的未付款项和本期预付款项，再减去本期发生的购货退回收到的现金
支付给职工以及为职工支付的现金	反映企业本期实际支付给职工的工资、奖金以及各种津贴等职工薪酬
支付的各项税费	反映企业本期支付的以及前期所欠的各项税费
支付其他与经营活动有关的现金	反映企业支付的罚款支出和差旅费、业务招待费等其他与经营相关的现金
收回投资收到的现金	反映企业出售、转让或到期收回除现金等价物以外的对其他企业的长期股权投资而收到的现金，但处置子公司及其他营业单位收到的现金净额除外
取得投资收益收到的现金	反映企业除现金等价物以外的对其他企业的长期股权投资等分回的现金股利和利息等
处置固定资产、无形资产和其他长期资产收回的现金净额	反映企业出售或报废固定资产、无形资产和其他长期资产所取得的现金（包括因资产毁损而收到的保险赔偿收入），再减去为处置这些资产而支付的有关费用后的净额
处置子公司及其他营业单位收到的现金净额	反映企业处置子公司及其他营业单位所取得的现金，再减去相关处置费用以及子公司及其他营业单位持有的现金和现金等价物后的净额
购建固定资产、无形资产和其他长期资产支付的现金	反映企业购买、建造固定资产，取得无形资产和其他长期资产所支付的现金（含不允许抵扣的增值税款等），以及用现金支付的应由在建工程和无形资产负担的职工薪酬等

续表

项目	填列规范
投资支付的现金	反映企业取得除现金等价物以外的对其他企业的长期股权投资所支付的现金以及支付的佣金、手续费等附加费用，但取得子公司及其他营业单位支付的现金净额除外
取得子公司及其他营业单位支付的现金净额	反映企业购买子公司及其他营业单位时购买出价中以现金支付的部分，减去子公司及其他营业单位持有的现金和现金等价物后的净额
收到其他与投资活动有关的现金、支付其他与投资活动有关的现金	反映企业除上述项目外收到或支付的其他与投资活动有关的现金，金额较大的应当单独列示
吸收投资收到的现金	反映企业以发行股票、债券等方式筹集资金实际收到的款项，再减去直接支付的佣金、手续费、宣传费、咨询费和印刷费等发行费用后的净额
取得借款收到的现金	反映企业举借各种短期、长期借款而收到的现金
偿还债务支付的现金	反映企业为偿还债务本金而支付的现金
分配股利、利润或偿付利息支付的现金	反映企业实际支付的现金股利、支付给其他投资单位的利润或用现金支付的借款利息及债券利息等金额
收到其他与筹资活动有关的现金、支付其他与筹资活动有关的现金	反映企业除上述项目外收到或支付的其他与筹资活动有关的现金，金额较大的应当单独列示

编制贤力公司2018年12月财务报表

编制财务报表是企业所有账务处理的最后一个环节，在登记账簿后进行。财务报表也是企业生产经营活动最直接有效的财务数据反映，所以在编制时必须准确且有效。下面以贤力公司2018年12月发生的全部经济业务为例，编制相关财务报表。

表8-7所示的是根据贤力公司2018年12月发生的经济业务编制的科目余额表，结合了图2-10所示的科目余额平衡表的期初数据和表6-1所示的2018年12月科目汇总表的信息。

表 8-7

科目余额表

科目名称	期初借方	期初贷方	本期借方	本期贷方	期末借方	期末贷方
库存现金	3000		166285	163285	6000	
银行存款	256910.47		363560	343285	277185.47	
其他货币资金	112211.4				112211.4	
应收票据	120000		17400		137400	
应收账款	830002		116000	116000	830002	
预付账款			10000		10000	
其他应收款	35000		4000	4000	35000	
坏账准备		30000				30000
原材料	850043		33000	14700	868343	
在途物资			33000	33000		
周转材料	76521.4				76521.4	
库存商品	506000		136500	60000	582500	
长期股权投资	340000				340000	
固定资产	1853000		150500		2003500	
累计折旧		243000		57000		300000
在建工程	523000		30500	30500	523000	
工程物资	330000				330000	
短期借款		320000		150000		470000
应付账款		653200.45		38280		691480.45
预收账款				50000		50000
应付票据		50000				50000
应付职工薪酬		480000	148685	149185		480500
应交税费		203045	29280	25280		199045
应付利息		32000				32000
其他应付款		13200		2500		15700
长期应付款		403500				403500
实收资本		1800000				1800000
资本公积		530012				530012
盈余公积		203000		169.5		203169.5
本年利润		66730.82	168000	168000		66730.82
利润分配		408000	339	1864.5		409525.5
应付利润		400000				400000
生产成本			136500	136500		
制造费用			11700	11700		

续表

科目名称	期初借方	期初贷方	本期借方	本期贷方	期末借方	期末贷方
主营业务收入			145000	145000		
其他业务收入			13000	13000		
营业外收入			10000	10000		
主营业务成本			60000	60000		
其他业务成本			6400	6400		
管理费用			61700	61700		
销售费用			25885	25885		
财务费用			2320	2320		
营业外支出			10000	10000		
所得税费用						
合计	5835688.27	5835688.27	1889554	1889554	613166.27	613166.27

根据科目余额表编制如表8-8和表8-9所示的资产负债表和利润表。

表 8-8

资产负债表

编制单位：贤力食品有限公司　　2018年12月31日　　单位：元

资　产	年初数	期末数	负债和所有者权益（或股东权益）	年初数	期末数
流动资产			流动负债		
货币资金		395306.87	短期借款		470000
交易性金融资产			应付票据		50000
应收票据		137400	应付账款		691480.45
应收账款		830002	预收账款		50000
预付账款		10000	应付职工薪酬		480500
应收利息			应交税费		199045
应收股利			应付利息		32000
其他应收款		35000	应付股利		
存货		1527364.4	其他应付款		15700
一年内到期的非流动资产			一年内到期的非流动负债		
其他流动资产			其他流动负债		
流动资产合计		2905223.27	流动负债合计		1988725.45
非流动资产			非流动负债		
可供出售金融资产			长期借款		
持有至到期投资			应付债券		

续表

长期应收款			长期应付款		403500
长期股权投资		340000	递延所得税负债		
投资性房地产			其他非流动负债		
固定资产		2003500	非流动负债合计		403500
在建工程		523000	负债合计		2392225.45
工程物资		330000	所有者权益		
固定资产清理			实收资本（股本）		1800000
无形资产			资本公积		530012
研发支出			减：库存股		
长期待摊费用			盈余公积		203169.5
递延所得税资产			未分配利润		1206166.32
非流动资产合计		3196500	所有者权益合计		3739347.82
资产总计		6131573.27	负债和所有者权益总计		6131573.27

表 8-9

利润表

编制单位：贤力食品有限公司　　2018年12月　　单位：元

项　　目	行次	本期数	本年累计数
一、营业收入	1	158000	
减：营业成本	2	66400	
税金及附加	3		
销售费用	4	25885	
管理费用	5	61700	
财务费用	6	2320	
资产减值损失	7		
加：公允价值变动收益（损失以“-”号填列）	8		
其中：对联营企业和合营企业的投资收益	9		
二、营业利润（亏损以“-”号填列）	10	1695	
加：营业外收入	11	10000	
减：营业外支出	12	10000	
其中：非流动资产处置损失	13		
三、利润总额（亏损以“-”号填列）	14	1695	
减：所得税费用	15		
四、净利润（亏损以“-”号填列）	16	1695	
五、每股收益	17		
（一）基本每股收益	18		
（二）稀释每股收益	19		

Chapter 09

懂税务处理的会计才是好会计

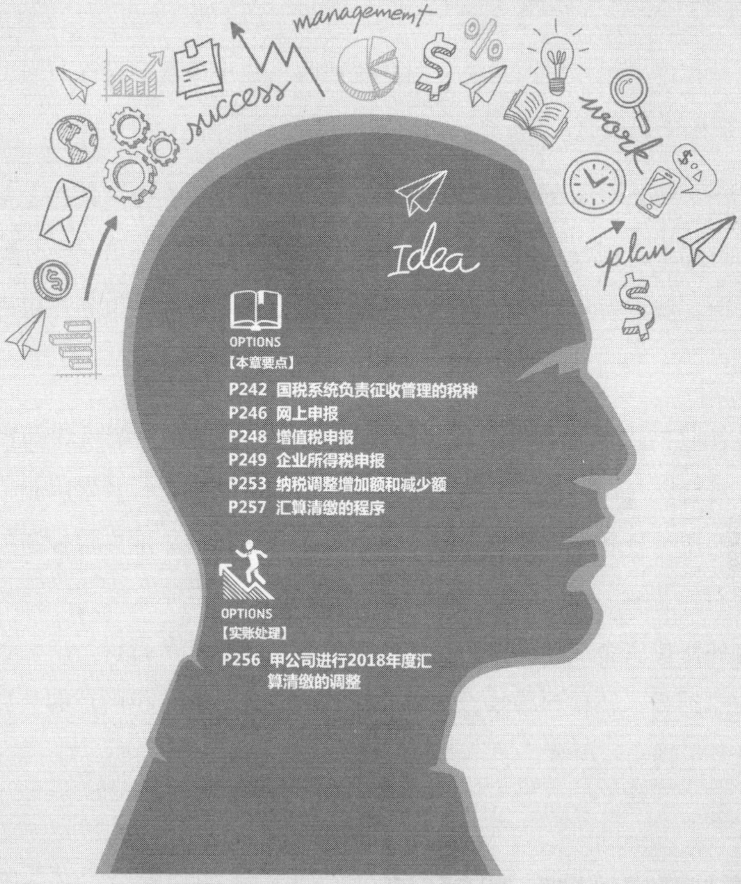

OPTIONS

【本章要点】

OPTIONS

【实账处理】

国税与地税的区分

国税与地税是指国家税务局系统和地方税务局系统，一般是指税务机关，而不是针对税种而言的。

国税系统负责征收管理的税种

国税又称中央税，由国家税务局系统征收，是中央政府收入的固定来源，征收后归中央所有。

国家税务总局为国务院主管税收工作的直属机构。在发展社会主义市场经济的过程中，税收承担着组织财政收入、调控经济和调节社会分配的职能。目前，我国每年财政收入的90%以上来自税收，其地位和作用越来越重要。

国税征收的主要税种有：增值税，消费税，进口产品增值税和消费税，直接对台贸易调节税（海关代征），铁道、各银行总行及保险总公司集中缴纳的所得税和城市维护建设税，中央企业所得税，地方银行和外资银行等银行金融企业所得税，海洋石油企业所得税和资源税，证券交易税，境内外商投资企业和外国企业的增值税、消费税和所得税，中央税、共享税的滞纳金、补税和罚款，按中央税和中央地方共享税附征的教育费附加，以及车辆购置税等。

地税系统负责征收管理的税种

地税征收的主要税种有：营业税（国家实行“营改增”之后，全国全面取缔营业税，在后面的小节中将专门进行讲解）、个人所得税、车船使用税、资源税、印花税、土地增值税、城镇土地使用税、城市维护建设税、地方教育附加、车船使用牌照税以及文化事业建设费（一般情况下按税种管理）等。

下面讲解地税的几个常见税种的纳税义务人的规定、计税期间以及税款申报缴纳期限等。

（1）文化事业建设费

纳税义务人：在中华人民共和国境内，依照相关条例的规定缴纳娱乐、广告业营业税的单位和个人。

征税对象及税率：从事娱乐业、广告业所取得的营业收入。

计税期间：5日、10日、15日或一个月；不能固定期限的可按次计征。

税款申报缴纳期限：与缴费人缴纳营业税的期限相同或者由主管税务机关根据应缴费额的大小核定。

（2）资源税

纳税义务人：在中华人民共和国境内从事开采资源税条例规定的矿产品或者生产盐的单位和个人。

计税期间：1日、3日、5日、10日、15日或者一个月；不能固定期限的可按次计征。

税款申报缴纳期限：次月10日内。

（3）印花税

纳税义务人：在中华人民共和国境内书立、领受印花税条例所列举的单位和个人。该税种的征税对象和税率如表9-1所示。

表 9-1

征税对象	税率
购销合同	购销金额的 0.3‰贴花
加工承揽合同	按加工或承揽收入的 0.5‰贴花
建设工程勘察设计合同	按收取费用的 0.5‰贴花
建筑安装工程承包合同	按承包金额的 0.3‰贴花
财产租赁合同	按租赁金额的 1‰贴花（税额不足 1 元的按 1 元贴花）
货物运输合同	按运输费用的 0.5‰贴花
仓储保管合同	按仓储保管费用的 1‰贴花
借款合同	按借款金额的 0.05‰贴花
财产保险合同	按保险费收入的 1‰贴花
技术合同	按所载金额的 0.3‰贴花
产权转移书据	按所载金额的 0.5‰贴花
营业账簿	记载资金的账簿按“实收资本”与“资本公积”两项合计金额的 0.5‰贴花；其他账簿 5 元 / 件
权利、许可证照	5 元 / 件

计税期间：按次计税。

税款申报缴纳期限：通常在书立或领受时自行贴花。即在合同的签订时、书据的立据时、账簿的启用时和证照的领受时自行贴花。

值得注意的是，在国外签订的合同，在国内使用时应贴花。经批准按月汇总缴纳印花税的，应于次月10日前申报纳税。

（4）车船使用税

纳税义务人：凡在中华人民共和国境内拥有并且使用车船的内资单位和个人。该税种的计税期间为按年计税。

（注：2018年3月17日，第十三届全国人大代表大会一次会议举行第五次全体会议，会议通过了改革国税地税征管体制的草案，将省级和省级以下国税地税机构合并，实行以国家税务总局为主与省（区、市）人民政府双重领导管理体制。据中共中央印发的《深化党和国家机构改革方案》，所有地方机构改革任务在2019年3月底前基本完成。）

纳税申报的方式

纳税申报的方式多种多样，企业可自行选择适合本企业的申报方式，但是一旦实行该申报方式，要经过税务机关同意备案才可更换纳税申报方式。

税务大厅申报

税务大厅申报也就是上门申报，即纳税义务人或代扣代缴义务人在规定的申报期限内到主管税务机关现场办理纳税申报的方式，这是一种传统的申报方式。

去税务大厅申报主要有两种方法：一是在法定的纳税申报期内，由纳税人自行计算、自行填开缴款书，并向银行缴纳税款，然后持纳税申报表、缴款书的报查联和有关资料，向税务机关办理申报；二是纳税人在银行开设税款预储账户，按期提前储入当期应纳税款，并在法定的纳税申报期内，向税务机关报送纳税申报表和有关资料，由税务机关通知指定银行划款入库。

在法定的纳税申报期内，纳税人持纳税申报表、有关资料以及应付税款等额支票或现金，报送税务机关，税务机关集中报缴数字清单、支票或现金，统一交由国库办理清算。

随着科技的发展和税收管理方式的改进，税务大厅申报方式已经被很多企业舍弃，因为这种方法是非常耗费时间以及费用的，应用范围已经越来越小。

网上申报

网上申报是借助Internet网络资源和计算机通信技术，实现纳税人、税务机关、银行和国库之间的数据传递链接，完成纳税申报和缴库等涉税事项的一种纳税申报方式。

随着网络技术的发展以及税收管理的现代化，网上申报越来越多地被企业应用，该申报方式大大减轻了财务人员的工作强度，而且减少了时间成本。网上申报将企业、银行和税务机关有效地联系起来，将涉办系统有机结合起来，方便企业开展纳税申报工作。

如何在网上进行纳税申报是困扰财务人员的一个问题。在未涉及网上申报时，总是把网上申报想得过于复杂，其实3个步骤就可以学会网上申报，具体操作流程如图9-1所示。

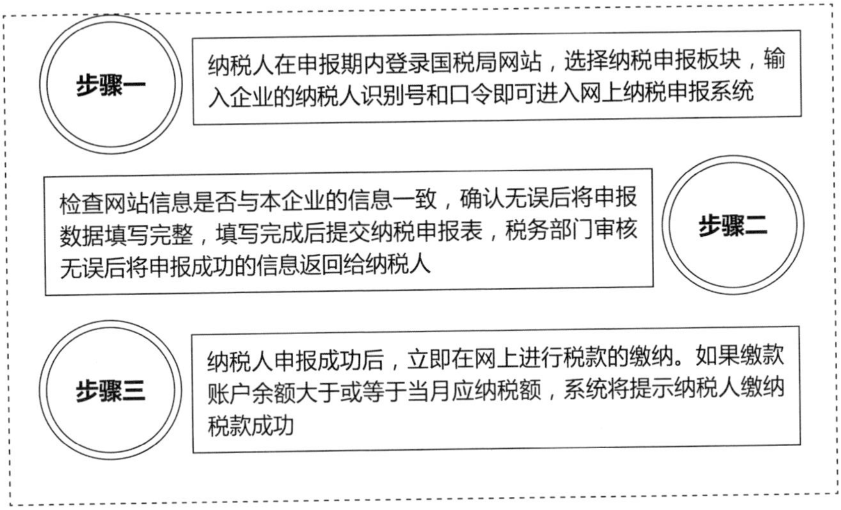

图9-1

网络的普及，加上网上申报的确能为税务机关和企业节约很多时间成本及劳动力成本，所以，现在我国大部分企业均实行网上申报的纳税方式。因此，企业财务人员必须掌握网上申报这一操作技能。

电话申报

电话申报是纳税人通过电话，并根据电话语音提示向国税主机系统和银行主机系统传输申报电子数据和发送扣款电子指令，完成纳税申报和缴纳税款的一种纳税申报方式。该方式适用于增值税小规模纳税企业、实行定期定额征收的纳税人和简易征收方式的企业所得税纳税人。

申请电话报税的纳税人，应到所属征收机关领取《电子申报征收开户/变更/终止/登记表》，与银行签订《委托代扣税款协议书》办理税银库联网开户手续，与计划征收局（在各征收科、组办理）签订《电话报税协议书》。电话报税户必须是税银库联网户，如果已经是税银库联网户的，即可直接与计划征收局签订《电话报税协议书》。

但是由于电话申报会受到诸多因素的影响，所以，如今的企业已不常用这种方式进行纳税申报了。

简易申报

根据规定，实行定期定额缴纳税款的纳税人可以实行简易申报、简并征期等纳税申报方式。

“简易申报”是指实行定期定额缴纳税款的纳税人在法律、行政法规规定的期限，或者在税务机关依照法律、行政法规的规定确定的期限内缴纳税款的，税务机关可以视同申报。

“简并征期”是指实行定期定额缴纳税款的纳税人，经税务机关批准，可以采取将纳税期限合并为按季、半年甚至年的方式缴纳税款，具体期限由省级税务机关根据具体情况来确定。

主要税种的纳税申报流程

企业主要的纳税税种有增值税、企业所得税以及代扣代缴的个人所得税等。那么，这几种经常申报的税种的纳税申报流程是怎样的？下面将进行详细讲解。

增值税申报

纳税人认定为一般纳税人后，需及时安装“企业电子申报管理系统”进行增值税纳税申报。增值税一般纳税人的申报流程如图9-2所示。

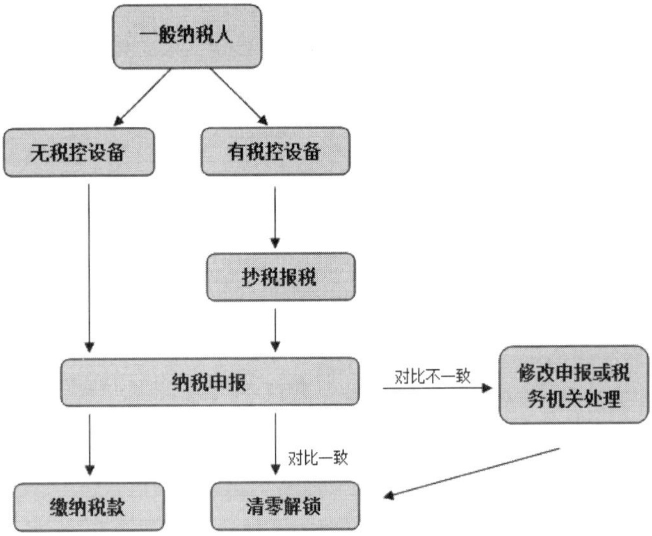

图9-2

企业进行增值税申报一般有6个步骤：每月月底进行发票认证、次月月初抄税、报税、申报、缴税及清卡（清零），具体操作如下。

◆ **第一步，发票认证：**是指企业进项税的发票认证，经过认证后方可进行进项税抵扣。该操作必须在税款所属期内完成，在认证通过的次月申报期内申报抵扣进项税额，不足抵扣的部分可结转下期继续抵扣（但当期必须申报）。

◆ **第二步，抄税**：是指一般纳税人通过开票软件将上月开票数据抄入报税盘（税控盘，下同）的操作。每月开具发票之前需要先进行抄税。

◆ **第三步，报税**：是指将已抄至报税盘的开票数据报送给税务机关。其中，网上报税需使用网上抄报税软件。

◆ **第四步，申报**：在税控系统中申请缴纳税款。网上申报、缴税需要安装数字证书。

◆ **第五步，缴税**：进行缴税操作。

◆ **第六步，返写监控数据（清卡）**：是指在纳税人完成报税，且申报表通过（包括比对异常处理）税务机关系统“一窗式”比对后，税务机关将监控数据返写至纳税人的报税盘中，完成报税盘解锁，使纳税人的税控开票系统在申报期后可继续开具发票。返写监控数据又称“清卡（清盘）”。

企业所得税申报

企业所得税是每家企业的“重头戏”，是以企业取得的生产经营或其他所得为征税对象所征收的一种税，是规范和处理国家与企业分配关系的重要形式。在我国现行税制中，企业所得税是仅次于增值税的第二大税种，在企业纳税活动中占有重要地位，具有很大的纳税筹划空间。

（1）企业所得税的申报期限

企业所得税按纳税年度计算，纳税年度自公历1月1日至12月31日止。企业在一个纳税年度中间开业，或者终止经营活动，使得该纳税年度的实际经营期间不足12个月的，应当以实际经营期为一个纳税年度。

根据规定，企业所得税可以分月或者分季预缴。企业应当自月份或者季度终了之日起15日内，无论盈利或亏损，都向税务机关报送预缴企业所得税纳税申报表，同时预缴税款；之后，企业应自年度终了之日起5个月内，向税务机关报送年度企业所得税纳税申报表，并进行汇算清缴，结清应缴应退税款。

企业在报送企业所得税纳税申报表时，应当按照规定附送财务会计报告和其他有关资料。在规定的申报期内，纳税人申报纳税确有困难的，可报经主管税务机关批准，延期申报。

（2）企业所得税的缴纳方式

企业所得税按年计算，但为了保证税款及时且均衡入库，对企业所得税采取分期（按月或季）预缴、年终汇算清缴的办法，这样既可以保证国库的充盈，也可以使企业的资金不必太紧张。纳税人预缴所得税时，应当按纳税期限的实际数预缴，按实际数预缴有困难的，可以按上一年度应纳税所得额的l/12或1/4，或者经当地税务机关认可所得税的其他方法分期预缴所得税。预缴方法一经确定，不得随意改变。

（3）企业所得税的纳税期限

按月份或季度预缴税款的纳税人，应在月份或季度终了后15日内向主管税务机关进行纳税申报并预缴税款。其中，第四季度的税款也应于季度终了后15日内先进行预缴，然后在年度终了后45日内进行年度申报，而税务机关在5个月内进行汇算清缴，多退少补。

（4）企业所得税的纳税地点

除国家另有规定的外，企业所得税由纳税人在其所在地主管税务机关就地缴纳。所谓“所在地”是指纳税人的实际经营管理所在地。

个人所得税申报

个人所得税是国家根据个人的所得而征收的一项税收，个人在获取所得时利用了国家资源，国家就这一行为进行征税，同时用于国家建设。个人所得税是一种个人行为，但由于个人通常通过单位获取所得，所以个人所得税的申报缴纳方式有个人自行申报和单位代扣代缴两种。

（1）个人自行申报流程

个人自行申报缴纳税款时，其申报流程如图9-3所示。

进行申报表的领取

纳税义务人到办税服务厅申报纳税窗口领取并填写《个人所得税纳税申报表》，一般为一式两份。

↓

办理申报

纳税人持已填写准确的《个人所得税纳税申报表》到办税服务厅申报纳税窗口进行申报。

↓

缴纳税款

当期申报没有税款的，经税务机关审核，纳税人提供的资料符合条件的，当场办结，并在《个人所得税纳税申报表》上盖章，返还一份给纳税人；当期申报有税款的，纳税人需缴纳税款，税务机关确认税款缴纳后开具完税凭证予以办结。完税凭证是缴纳个人所得税的有效凭据，用以证明个人当期的税负已经付清。

图9-3

提示：年所得12万元以上的纳税人申报缴税

年所得12万元以上的纳税人，应当填写《个人所得税纳税申报表（适用于年所得12万元以上的纳税人）》，并在办理纳税申报时报送主管税务机关，同时报送个人有效身份证件复印件以及主管税务机关要求报送的其他有关资料。

（2）单位代扣代缴个人所得税

企业通过个人所得税扣缴系统录入个税申报信息，自动计税并生成申报表，通过网络发送或者介质大厅报送到税务局端的网上申报系统，局端管理系统对信息进行分析、受理和反馈，同时将扣缴信息交地税核心征管系统进行扣款，完成个税代扣代缴过程。

汇算清缴的相关知识

汇算清缴对企业所得税纳税人来说是一项法定义务。所得税汇算清缴就是对企业全年所得税应纳税额进行一次全面的检查、计算和确认，按照税法规定履行申报与税款缴纳义务。虽然只是对应纳税额的检查，但差错总是难免。因此，财务人员要正确认识企业所得税汇算清缴工作。

汇算清缴的时间和对象

企业所得税汇算清缴是指纳税人自纳税年度终了之日起5个月内或实际经营终止之日起60日内，依照税法及其他有关企业所得税的规定，自行计算本纳税年度应纳税所得额和应纳所得税额；然后根据月度或季度预缴企业所得税的数额，确定该纳税年度应补或应退的税额，并填写企业所得税年度纳税申报表，向主管税务机关提供税务机关要求提供的有关资料、办理企业所得税年度纳税申报以及结清全年企业所得税税款等一系列行为。

在中国境内的企业，无论盈利或者亏损，均应按照企业所得税税法规定进行企业所得税汇算清缴。

临时来华承包工程和提供劳务不足一年，在年度中间终止经营活动且已经结清税款的企业，或者汇算清缴期内已办理注销的企业，以及其他经主管税务机关批准可不参加当年度所得税汇算清缴的企业，皆可不参加当年度的所得税汇算清缴。

纳税调整增加额和减少额

企业进行汇算清缴就是检查企业是否有可以税前扣除而在当时纳税时没有进行扣除的税项，现在进行扣除就是纳税调整减少额；或者检查企业是否有应纳税额在计算时遗漏计算的情况，现在进行补计就是要调整应纳税额的增加额。

（1）应调增应纳税所得额的项目

企业在进行汇算清缴时，应该调增应纳税所得额的项目如表9-2所示。

表 9-2

项目	调整情况
职工福利费、工会经费、职工教育经费	企业发生的职工福利费支出，不超过工资、薪金总额14%的部分准予扣除，超过的部分不得扣除；企业拨缴的工会经费，不超过工资、薪金总额2%的部分准予扣除，超过的部分不得扣除；企业发生的职工教育经费支出，不超过工资、薪金总额2.5%的部分准予扣除，超过的部分准予结转到以后纳税年度进行扣除
保险费	企业依照国务院有关主管部门或者省级人民政府规定的范围和标准为职工缴纳的“五险一金”，以及在国务院财政、税务主管部门规定的范围和标准内的补充保险费等，准予扣除；企业参加财产保险，按照规定缴纳的保险费，准予扣除。企业为投资者或者职工支付的商业保险费，不得扣除
借款费用	向非金融机构借款的费用支出，在不高于按照金融机构同类、同期贷款利率计算的数额的部分可扣除，超过部分不得扣除；企业从其关联方接受的债权性投资与其权益性投资比例超过规定标准而发生的利息支出，不得扣除

续表

项目	调整情况
业务招待费	企业发生的与生产经营活动有关的业务招待费支出，按照发生额的60%扣除，但最高不得超过销售收入的5‰，超过规定比例的部分不得扣除
广告费和业务宣传费	企业发生的符合条件的广告费和业务宣传费支出，除国务院财政、税务主管部门另有规定外，不超过当年销售收入15%的部分，准予扣除；超过部分，准予在以后纳税年度结转扣除
公益、救济性捐赠	企业发生的公益捐赠支出，不超过年度利润总额12%的部分，准予扣除
企业之间各种支出	企业之间支付的管理费、企业内营业机构之间支付的租金和特许权使用费，以及非银行企业内营业机构之间支付的利息等，不得扣除
特别纳税调整	对关联企业做出特别纳税调整的，应当对补征的税款自税款所属纳税年度的次年6月1日起至补缴税款之日止的期间，按日加收利息，所加收的利息不得扣除
罚款、罚金、滞纳金	企业因违反法律或者行政法规而交付的罚款、罚金、滞纳金，不得扣除
非公益、救济性捐赠	企业的非公益、救济性捐赠不得扣除
赞助支出	企业发生的与生产经营活动无关的非广告性质支出，不得扣除
准备金	除税法规定可提取的准备金之外，其他任何形式的准备金不得扣除

（2）应调减应纳税所得额的项目

应调减应纳税所得额的项目，是国家为了促进企业的发展，给予企业一定的企业所得税的税收优惠，企业可以利用国家规定的税收优惠进行纳税筹划，调减应纳税所得额，具体如表9-3所示。

表 9-3

项目	调整情况
权益性投资所得	符合条件的居民企业之间的股息、红利等权益投资收益所得免征所得税；在中国境内设立机构场所的非居民企业从居民企业取得与该机构场所有实际联系的股息、红利等权益投资收益也免征。上述投资收益均不包括连续持有居民企业公开发行并上市流通的股票不足12个月取得的投资收益

续表

项目	调整情况
技术转让所得	在一个纳税年度内，居民企业技术转让所得不超过500万元的部分，免征企业所得税；超过500万元的部分减半征收企业所得税
国债利息收入	企业因购买国债所得的利息收入，免征企业所得税
亏损弥补	企业发生亏损，可用下一年度的所得弥补，下一年度的所得不足以弥补的，可以逐年延续弥补，但最长不得超过5年。弥补亏损的这部分所得显然不征收所得税
从事农、林、牧、渔业项目所得	除从事花卉、茶以及其他饮料作物和香料作物的种植、海水养殖、内陆养殖等减半征收企业所得税外，企业从事其他农、林、牧、渔业项目所得，免征企业所得税
从事国家重点扶持的公共基础设施项目投资经营的所得	自项目取得第一笔生产经营收入所属纳税年度起，第一年至第三年免征企业所得税，第四年至第六年减半征收企业所得税
从事符合条件的环保、节能节水项目的所得	自项目取得第一笔生产经营收入所属纳税年度起，第一年至第三年免征所得税，第四年至第六年减半征收所得税
加计扣除	企业为开发新技术、新产品和新工艺发生的研发费，未形成无形资产计入当期损益的，在按规定据实扣除的基础上，按照研发费的50%加计扣除；形成无形资产的，按照无形资产成本的150%摊销。企业安置残疾人员的支出，在按照支付给残疾职工工资据实扣除的基础上，按照支付给残疾职工工资的100%扣除
创投企业	创投企业采取股权投资方式投资于未上市的中小高新技术企业两年以上的，可以按照其投资额的70%在股权持有满两年的当年抵扣该创业投资企业的应纳税所得额；当年不足抵扣的，可在以后纳税年度结转抵扣
资源综合利用	企业以《资源综合利用企业所得税优惠目录》规定的资源作为主要原材料，生产销售国家非限制和禁止并符合国家和行业相关标准的产品取得的收入，减按90%计入收入总额
购置节能减排设备	企业购置国家规定的环境保护、节能节水及安全生产等专用设备的，该专用设备的投资额的10%可从企业当年的应纳税额中抵免；当年不足抵免的，可以在以后5个纳税年度结转抵免
不征税收入	包括财政拨款；依法收取并纳入财政管理的行政事业性收费和政府性基金；国家规定的其他不征税收入

【实账处理】——甲公司进行2018年度汇算清缴的调整

甲公司是一家生产药品的大型制造型公司，2018年度取得销售收入9 200万元，销售成本为5 000万元，实现会计利润1 200万元。在2018年期间，甲公司发生业务招待费120万元；研发新型抗癌药品产生费用230万元，但是新型药品尚未研发成功；进行一项技术转让，取得收入80万元；为了促进药品的销售，发生广告费500万元，业务宣传费120万元；由于资金紧张，产生借款利息450万元，其中包含有业务往来的客户利息300万元，年利率为7%，同时期金融机构同类贷款年利率为6%。

甲公司在进行2018年度企业所得税汇算清缴时，应当调增和调减的应纳税所得额的情况如下。

（1）发生业务招待费120万元，若按照实际发生额的60%计算，则为120 × 60%=72（万元）；若按照销售收入的5‰计算，则为9 200 × 5‰=46（万元）。因此，准予税前扣除的业务招待费应为46万元，应纳税所得调增额=120−46=74（万元）。

（2）甲公司研发新产品，未能形成无形资产计入当期损益的，在按照规定据实扣除的基础上，再按照研发费用的50%加计扣除。因此，准予税前扣除的研发费用为：230 × 150%=345（万元），应纳税所得调减额=345−230=115（万元）。

（3）甲公司进行技术转让取得的收入80万元，免征企业所得税，应纳税所得调减额为80万元。

（4）本年度甲公司广告费和业务宣传费的扣除限额为：9 200 × 15%=1 380（万元），企业的发生额=500+120=620（万元），允许全部税前扣除，无须调整。

（5）借款本金为：300 ÷ 7%=4 286（万元），扣除限额为：4 286 × 6%=257.16（万元），实际发生300万元。因此，准予扣除的借款费用为：450−(300−257.16)=407.16（万元），应纳税所得调增额=450−407.16=42.84（万元）。

甲公司在进行2018年度企业所得税汇算清缴后，应纳税所得额如下：

应纳税所得额=1 200（会计利润）+74（业务招待费调增）-115（研发费用调减）-80（技术转让调减）+42.84（借款费用调增）=1 121.84（万元）

汇算清缴的程序

汇算清缴是财会部门每到年终结算时最为重要的工作之一，这项工作直接影响到企业所得税缴纳的税额是否符合国家规定，且会影响企业资金链紧张与否。如果这项工作无法有条理地进行，则不仅会给税务机关人员留下不好的印象，也会导致财会工作处处受阻。下面就将汇算清缴工作的程序进行归纳总结。

（1）填写纳税申报表并附送相关材料

纳税人于年度终了后45日内以企业的财务报表为基础，自行进行税收纳税调整并填写年度纳税申报表及其附表，向主管税务机关办理年度纳税申报。纳税人除提供年度纳税申报表及其附表之外，还应提供企业财务报表、年度决算报表以及税务机关要求提供的其他财务资料。

（2）税务机关受理申请后，审核所报送的材料

主管税务机关对纳税人或扣缴义务人所报送的材料进行审核，主要审核其基本资料和内容，具体审核的相关项目如表9-4所示。

表 9-4

审核内容	资料
报送材料的基本资料	税务机关审核纳税人报送材料的名称、电话、地址及银行账号等信息，如果发现与主管税务机关管理的内容有所不同，则将要求纳税人提供变更依据；如果变更内容不在该部门管理范围之内，则税务机关要督促纳税人到相关部门办理变更手续，并要求其将变更依据复印件移交主管税务机关

续表

审核内容	资料
报送材料的内容	主要审核材料的税目、税率和计税依据是否完整、准确且符合相关规定，附送材料是否齐全、是否符合逻辑关系、是否进行纳税调整等。审核中若发现纳税人的申报有计算错误或遗漏项目的，将及时通知纳税人进行调整、补充、修改或在限期内重新申报

（3）审核无误后，确定缴纳的税款

报送材料经主管税务机关审核无误后，确定企业应当缴纳的税款。企业若少缴纳税款，则应当及时补缴；若多缴了企业所得税，则应办理退还或抵扣下年度企业所得税的相关手续。

学习汇算清缴的调整项目和程序是对企业缴纳所得税进行部署的重要环节之一，只有掌握了汇算清缴才能对企业的纳税筹划进行有效把控。

Chapter 10

会计工作中常见的问题汇总

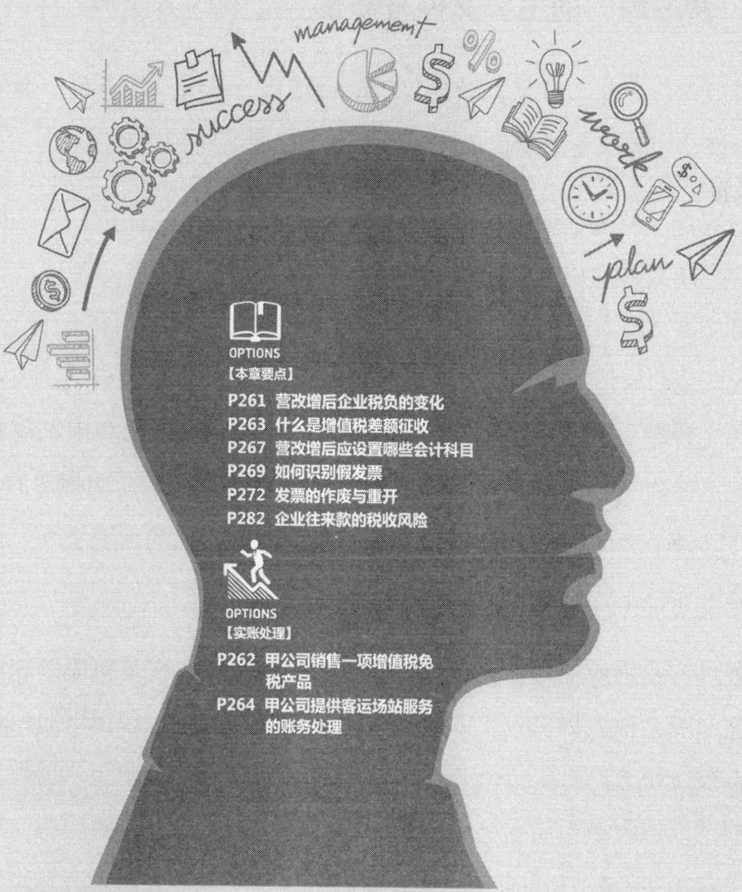

OPTIONS

【本章要点】

OPTIONS

【实账处理】

“营改增”实务问答

自2016年5月1日起，我国全面推开“营改增”试点，将多个行业全部纳入试点范畴。营业税退出历史舞台，增值税制度更加规范。

涉及“营改增”的主要文件有哪些

“营改增”是指以前缴纳营业税的应税项目改成缴纳增值税，增值税就是对于产品或者服务的增值部分纳税，减少了重复纳税的环节。

根据《营业税改征增值税试点实施办法》，营改增全面推开后，提供交通运输、邮政、基础电信、建筑和不动产租赁服务，销售不动产，转让土地使用权等，税率为11%；提供有形动产租赁服务，税率为17%；境内单位和个人发生的跨境应税行为，税率为0；除此之外的原营业税纳税人发生应税行为，税率为6%。此外，增值税征收率为3%，财政部和国家税务总局另有规定的除外。（《营业税改征增值税试点实施办法》中规定的11%和 17%的税率在2018年的增值税税率调整制度中都相应的下调了一个百分点，具体内容将在后面详细介绍）。

根据《营业税改征增值税试点有关事项的规定》，在建筑服务领域，方案明确一般纳税人以清包工方式提供的建筑服务、为工程提供的建筑服务以及为合同开工日期在2016年4月30日前的建筑工程老项目提供的建筑服务等，都可以选择适用简易计税方法计税。对销售不动产，则明确一般纳税人销售其2016年4月30日前取得（不含自建）的不动产，可选择适用简易计税方法，以取得的全部价款和价外费用减去该项不动产购置原价或者取得不动产时的作价后的余额为销售额，按照5%的征收率计算应纳税额。其他个人销售其取得（不含自建）的不动产（不含其购买的住房），应以取得的全部价款和价外费用减去该项不动产购置原价或者取得不动产时的作价后的余额为销售额，按照5%的征收率计算应纳税额。个人出租住房，应按照5%的征收率减按1.5%计算应纳税额。

《营业税改征增值税试点过渡政策的规定》则公布了40种免征增值税情形，包括托儿所、幼儿园提供的保育和教育服务；养老机构提供的养老服务；残疾人福利机构提供的育养服务；婚姻介绍服务；学生勤工俭学提供的服务；个人销售自建自用住房等。文件还规定了一系列享受扣减增值税的规定，涉及退役士兵创业就业、重点群体创业就业以及个人将购买不足两年的住房对外销售等。

营改增后企业税负的变化

国家实行营改增政策，就是为了避免企业重复纳税，最大的目的就是减轻企业的税负，所以从整个格局来看，企业的税负降低了。但是为何有些企业却感觉税负不仅没有降低，反而增加了呢？这些企业税负增加的原因主要有以下几点。

- 企业在营改增之前购入的，目前正在使用的不动产和无形资产，在营改增政策下无法抵扣，而这往往涉及企业很大一笔进项税额。
- 企业无法获得可以抵扣的合法有效凭证。
- 企业缺乏有效的税收管理水平，造成应取得合法有效凭证而未取得，或者超过有效的抵扣期限。
- 企业对新的税收政策理解有所偏差，造成多缴纳税款。

一项新的政策出台势必会有一段接受的过程，特别是对于企业而言直接关系到自身利益的税收政策。造成企业税收现阶段有所增加的原因多种多样，比如，政策在初期实行时本身有一些欠缺，还有就是企业财务人员对于政策没有完全掌握，分析不到位。不管是什么原因造成的，企业都应该相信，营改增政策是为企业减轻税收负担而存在的。财务人员应该做到的是，切实掌握营改增政策，为企业做好充分的纳税筹划。

增值税的免税和零税率之间的区别

在进行增值税税种核算时，会遇见增值税的免税和零税率的情形，但是在税务处理中，这是两种完全不同的税收政策。如果将两种税收政策混淆，在账务处理时就很容易出现错误。

（1）增值税免税

增值税免税是指某项应税行为因为国家政策扶持，销售环节不征收增值税，但进项不允许抵扣，且不退还。享受免税的产品或服务，开具增值税专用发票时，税率栏次选填零。在进行账务处理时，不存在增值税以及营业外收入的情况。

【实账处理】——甲公司销售一项增值税免税产品

2018年10月16日，甲公司销售一项国家扶持的、销售环节不征收增值税的免税产品，价值5000元，收到的款项已全部存入银行。甲公司应做如下账务处理。

借：银行存款　　　　　5000

　　贷：主营业务收入　　　　5000

（2）增值税零税率

增值税零税率不等于免税，零税率产品目前是增值税税种中最优惠的政策。零税率不仅仅是指销售环节免税，而且进货环节包含的进项税还会给予退回，而上述内容已经讲过，免税的进项税是不允许抵扣的。这基本上就是指外贸企业出口产品和提供服务时享受增值税退税政策，而且只有一般纳税人企业才能充分享受零税率的福利。

什么是增值税差额征收

增值税差额征收是指纳税人按照国家有关规定，以取得的全部价款和价外费用扣除支付给规定范围纳税人的规定项目价款后的不含税余额为销售额（在计算时将所有价款称为计税销售额）进行纳税的征税方法。其计算公式如下：

应纳税额=当期销项税额-当期进项税额

计算结果为正数时交税，结果为零或负数时不交税。

（1）需要进行增值税差额征收的行业

根据增值税基本的“销项税额-进项税额”的计税方法，原则上是不存在差额征税问题的。但由于特定行业的经营特点，也就出现了增值税差额征收。主要有以下行业需要进行增值税差额征收。

- **融资租赁业**：主要针对有形动产租赁业务，根据操作方式的不同又分售后回租和其他融资租赁两种情况。售后回租服务，以收取的全部价款和价外费用，扣除向承租方收取的有形动产价款本金，以及对外支付的借款利息（包括外汇借款和人民币借款利息）和发行债券利息后的余额为销售额。售后回租以外的融资租赁服务，以收取的全部价款和价外费用，扣除支付的借款利息（包括外汇借款和人民币借款利息）、发行债券利息、保险费、安装费和车辆购置税后的余额为销售额。
- **航空运输企业**：销售额不包括代收的机场建设费和代售其他航空运输企业客票而代收转付的价款。

◆ **客运场站服务**：以其取得的全部价款和价外费用，扣除支付给承运方运费后的余额为销售额。

◆ **知识产权代理服务、货物运输代理服务和代理报关服务**：以其取得的全部价款和价外费用，扣除向委托方收取并代为支付的政府性基金或者行政事业性收费后的余额为销售额。

◆ **国际货物运输代理服务**：以其取得的全部价款和价外费用，扣除支付给国际运输企业的国际运输费用后的余额为销售额。

按照以上特点和税制设计，企业如果不实行差额征收，则将会存在重复征税的环节。随着税制的完善和业务模式的调整，差额征收的情况将会越来越少。

（2）差额征收的会计处理

企业接受应税服务时，按规定允许扣减销售额而减少的销项税额，借记“应交税费——应交增值税（营改增抵减的销项税额）”科目；按实际支付或应付的金额与上述增值税额的差额，借记“主营业务成本”科目；按实际支付或应付的金额，贷记“银行存款”或“应付账款”等科目。

对于期末一次性进行账务处理的企业，期末时按规定当期允许扣减销售额而减少的销项税额，借记“应交税费——应交增值税（营改增抵减的销项税额）”科目，贷记“主营业务成本”等科目。

【实账处理】——甲公司提供客运场站服务的账务处理

甲公司为一般纳税人，提供客运场站服务。2018年5月取得含税收入1060000元，当月支付承运方运费212000元，并取得了增值税发票。甲公司应做如下账务处理。

甲公司提供客运场站服务时。

借：应收账款　　　　1060000

贷：主营业务收入　　　　　　　　　　　　　　1000000

　　应交税费——应交增值税（销项税额）　　60000

甲公司支付承运方运费时。

借：主营业务成本　　　　　　　　　　　　　　200000

　　应交税费——应交增值税（营改增抵减的销项税额）　12000

　　贷：应付账款　　　　　　　　　　　　　　212000

营改增后各税率适用的应税行为

营改增之后，涉及的增值税税率有17%、13%、11%、6%和0%这5档，还有两档增值税征收率，分别为5%和3%。适用这些税率的应税行为分别有哪些呢？下面将其进行归纳总结。

（1）17%税率适用的应税行为

销售或进口货物（适用13%的货物除外）；提供加工、修理、修配劳务；提供有形动产租赁服务。

（2）13%税率适用的应税行为

销售或进口以下货物：粮食、食用植物油；自来水、暖气、冷气、热水、煤气、石油液化气、天然气、沼气和居民用煤炭制品；图书、报纸和杂志；饲料、化肥、农药、农机、农膜以及农业产品等。

（3）11%税率适用的应税行为

转让土地使用权；销售不动产；提供不动产租赁；提供建筑服务；提供基础电信服务；提供邮政服务；提供交通运输服务等。

（4）6%税率适用的应税行为

现代服务，主要包括研发和技术服务、信息技术服务、文化创意服务、物流辅助服务、鉴证咨询服务、广播影视服务、商务辅助服务及其他现代服务；金融相关服务；增值电信服务（基础电信服务适用11%税率）；销售无形资产（销售土地使用权除外）；以及提供生活服务，主要包括文化体育、教育医疗、旅游娱乐、餐饮住宿和其他生活服务等。

（5）零税率适用的应税行为

国际运输服务；航天运输服务；向境外单位提供的完全在境外消费的相关服务及纳税人出口货物（国务院另有规定的除外）等。

（6）5%征收率适用的应税行为

销售不动产；不动产经营租赁服务；中外合作开采原油、天然气等经营活动。

（7）3%征收率适用的应税行为

除上述5%征收率及财政部和国家税务总局另有规定的外，其余应税行为均按3%征收率征收增值税。

但是在2018年4月4日，财政部税务总局发布了关于调整增值税税率的通知，具体的调整政策内容如下：

- 第一条，纳税人发生增值税应税销售行为或者进口货物，原适用17%和11%税率的，税率分别调整为16%、10%。
- 第二条，纳税人购进农产品，原适用11%扣除率的，扣除率调整为10%。
- 第三条，纳税人购进用于生产销售或委托加工16%税率货物的农产品，按照12%的扣除率计算进项税额。
- 第四条，原适用17%税率且出口退税率为17%的出口货物，出口退税率调整至16%。原适用11%税率且出口退税率为11%的出口货物、跨境应税行为，出口退税率调整至10%。

◆ 第五条，外贸企业2018年7月31日前出口的第四条所涉货物、销售的第四条所涉跨境应税行为，购进时已按调整前税率征收增值税的，执行调整前的出口退税率；购进时已按调整后税率征收增值税的，执行调整后的出口退税率。生产企业2018年7月31日前出口的第四条所涉货物、销售的第四条所涉跨境应税行为，执行调整前的出口退税率。调整出口货物退税率的执行时间及出口货物的时间，以出口货物报关单上注明的出口日期为准，调整跨境应税行为退税率的执行时间及销售跨境应税行为的时间，以出口发票的开具日期为准。

以上政策调整内容自2018年5月1日起执行。因此，前面5档税率中，2018年5月1日后，17%的税率下调为16%，11%的税率下调为10%。

营改增后应设置哪些会计科目

营改增之后，一般纳税人应设置对增值税核算的会计科目“应交税费——应交增值税”，此科目的借贷方以及期末余额的内容和明细科目的内容有更加细致的核算。

（1）“应交税费——应交增值税”科目的核算内容

“应交税费——应交增值税”科目的借贷方和期末余额的核算内容是不同的，会计人员要明确哪些税费应计入该科目借方，哪些应计入贷方，以及该科目的期末余额的核算内容。

◆ **本科目借方发生额核算内容**：反映企业购进货物、劳务、不动产、无形资产或接受应税服务支付的进项税额和实际已缴纳的增值税。

◆ **本科目贷方发生额核算内容**：反映企业销售货物、劳务、不动产、无形资产或提供应税服务应缴纳的增值税额，以及出口货物退税、转出已支付或应分担的增值税。

◆ **本科目期末余额核算内容**：反映企业多缴或尚未抵扣的增值税，

尚未抵扣的增值税可以抵顶以后各期的销项税额；期末余额在贷方，反映企业尚未缴纳的增值税。

（2）“应交税费——应交增值税”明细科目的核算内容

企业应在“应交税费”科目下设置“应交增值税”明细科目。在“应交增值税”明细账中，应设置“进项税额”、“已交税金”、“销项税额”、“出口退税”以及“进项税额转出”等栏目。具体核算内容如表10-1所示。

表 10-1

栏目	核算内容
进项税额	记录企业购进货物、劳务、不动产、无形资产或接受应税服务支付的、准予从销项税额中抵扣的增值税额。企业购入发生的进项税额用蓝字登记；销售退回应冲销的进项税额用红字登记
已交税费	记录企业已缴纳的增值税额。企业已缴纳的增值税额用蓝字登记；退回多缴的增值税额用红字登记
销项税额	记录企业销售货物、劳务、无形资产、不动产或提供应税服务应收取的增值税额。企业收取的销项税额，用蓝字登记；销售退回应冲减的销项税额，用红字登记
出口退税	记录企业出口适用零税率的应税行为，向海关办理报关出口手续后，凭出口报关单等有关凭证，向税务机关申报办理出口退税而收到的退回的税款。出口货物退回的增值税额，用蓝字登记；出口货物办理退税后发生退货或者退关而补缴已退的税款，用红字登记
进项税额转出	记录企业发生非正常损失、用于免税、简易计税或集体福利等不得抵扣的进项税额不应从销项税额中抵扣，而按规定转出的进项税额
出口抵减内销应纳税额	记录企业按免抵退税规定计算的向境外单位提供适用增值税零税率应税服务的当期应免抵税额
转出未交增值税、转出多交增值税	分别记录一般纳税企业月终转出未交或多交的增值税
进项税额转入	核算原用于免税、简易计税或集体福利的，按照规定不得抵扣且未抵扣进项税额的固定资产、无形资产和不动产发生用途改变，用于允许抵扣进项税额的应税项目，可在用途改变的次月计算可以抵扣的进项税额
营改增抵减的销项税额	核算差额征税的试点纳税人当期从销售额中扣减的、购进应税服务按适用税率计算的销项税额

增值税期末留抵税额怎样进行会计处理

兼有销售服务、无形资产或者不动产的原增值税一般纳税人，截止到开始试点营改增当月月初的增值税留抵税额，按照营业税改征增值税有关规定不得从销售服务、无形资产或者不动产的销项税额中抵扣的，应在“应交税费”科目下增设“增值税留抵税额”明细科目。

开始试点当月月初，企业应按不得从销售服务、无形资产或者不动产的销项税额中抵扣的增值税留抵税额，借记“应交税费——增值税留抵税额”科目，贷记“应交税费——应交增值税（进项税额转出）”科目。待以后期间允许抵扣时，按允许抵扣的金额，借记“应交税费——应交增值税（进项税额）”科目，贷记“应交税费——增值税留抵税额”科目。

“应交税费——增值税留抵税额”科目的期末余额应根据其流动性，在资产负债表中的“其他流动资产”或“其他非流动资产”项目中列示。

会计凭证处理过程中的常见问题

会计凭证的处理是财务人员的日常工作，但是在这个过程中，往往有很多小问题使得他们工作时有很多困扰，大大降低了工作效率。本节将对会计凭证处理过程中的一些常见问题进行梳理和解答。

如何识别假发票

发票是企业财务收支的法定凭据，如果将企业的经济业务看作一种社会行为，那么发票就是这个社会的“钞票”，特别是在营改增之后，发票直接关系到企业能够进行税额抵扣的数额，即关系到企业应纳税额的多少。正是因为它的价值，所以现在有很多不法分子就利用其赚取利益。

作为一名财务人员，如果无法识别“真假发票”，就会给企业带来很大的经济损失。下面对如何识别发票的真伪进行简单介绍，最主要的还是要靠财务人员在实际工作中积累经验。

- **从发票质量上鉴别**：一是看发票纸质，假发票一般纸质较差；二是看发票印刷，假发票一般字体颜色淡且有虚影；三是看发票监制章，假发票监制章的线条颜色艳红且中间有虚点；四是看菱形水印，假发票里面的水印通过光线看时，SW标志模糊、不清晰。
- **从发票密码覆盖层鉴别**：常用的发票都有密码覆盖层，真发票密码覆盖层背面有重叠“8”字码，刮涂的时候比较轻松，容易刮出下面的数字；假发票则没有，而且覆盖层非常难刮，有时还有可能将发票刮漏。
- **看盖章的差别**：在发票上面有一个“全国统一发票监制章”，其中全国的“全”字第一笔的撇尾巴是钝的而不是尖的；而假发票上面的“全”字撇的尾巴是尖的。另外，正规发票上“全”字下面的“王”上两横只有右边字体，左边是空的，从整体上来说就是一个不完整的王字；而假发票就没有注意这一点，发票上面的“王”是完整的，没有缺边。
- **网络查询**：我们可以登录发票印制的相关国税或地税网站，按照发票类型，找到相应的查询区间，按照要求和提示输入对应信息要素，如果发票能查询到具体的发票号以及相关的发票信息，那么该发票就是真实的。
- **电话查询**：可以拨打12366税务系统纳税服务热线，根据语音提示进行国税、地税发票的真伪查询。

发票遗失应当如何处理

发票在财务处理中的地位是众所周知的，然而很多发票却是需要从销售方传递到购买方，在传递过程中难免有疏忽，进而导致发票的遗失。而在此传递过程中，也许是销售方的过失，也许是购买方的过失，也有可能是负责传递的第三方行为人的过失。

不管是哪一方的过失，都要有解决的途径，追究责任是其次。发票遗失应当如何进行处理是对财务人员专业性及对待工作态度的一项重要考验。下面介绍丢失发票的几种情形以及丢失原因和处理办法。

（1）发票未送达购买方就丢失的

原因：这种情况一般是因为发票管理不善或安全措施做得不好，造成发票丢失或被盗。

处理：购票单位应于事发当日书面报告国税机关，报告材料要写明专用发票份数、字轨号码以及盖章与否等情况，并通过国税机关在《中国税务报上》刊登“遗失声明”。使用防伪税控系统开票的一般纳税人，还应持IC卡到国税机关办理电子发票退回手续。

处罚：此种情况可能会受到税务机关的处罚。

预防：购票单位应完善发票管理制度，加强对发票的管理，同时采取必要的安全措施，保证发票安全。

（2）发票送达购货方后才丢失的

发票开出并送达购买方后才丢失，就有可能存在对方收到发票后未进行认证就已丢失和已经进行认证后才丢失这两种情况，发生的原因以及处理办法分别如下。

- 发票开出但购货方未认证时，根据丢失的联次不同，会有不同的处理办法，具体如表10-2所示。

表 10-2

丢失发票联次	处理办法
丢失发票联	携带专用发票抵扣联到主管税务机关（正常）认证，将专用发票抵扣联作为记账凭证，并将专用发票抵扣联复印件留存备查。开票方和税局无须特殊处理
丢失抵扣联	携带专用发票发票联到主管税务机关认证，将专用发票发票联作为记账凭证，并将专用发票发票联复印件留存备查。无须开票单位进行任何处理，税局在认证时以发票联作为抵扣认证依据
丢失发票联和抵扣联	购买方凭销售方提供的相应专用发票记账联复印件到主管税务机关进行认证，认证相符的，凭该专用发票记账联复印件及销售方所在地主管税务机关出具的《丢失增值税专用发票已报税证明单》进行审核，经购买方主管税务机关审核同意后，可作为增值税进项税额的抵扣凭证。开票方需要复印发票复印件，并由开票方税局开具《丢失增值税专用发票已报税证明单》；再由收票方主管税务机关审核同意后，才可作为增值税进项税额的抵扣凭证
丢失记账联	如果发票开出后尚未寄出，则开票单位复印发票的发票联作为记账凭证；若已寄出，则从金税卡中重新打印一次作为记账凭证。无须税局和收票单位进行任何处理

◆ 发票开出且购货方已认证后才丢失的，也可根据丢失联次的不同进行不同的处理，具体如表10-3所示。

表 10-3

丢失发票联次	处理办法
丢失发票联	使用专用发票抵扣联作为记账凭证，使用专用发票抵扣联复印件留存备查，其他无须进行单独处理
丢失抵扣联	使用专用发票发票联复印件留存备查，其他无须进行单独处理
丢失发票联和抵扣联	开票方需要复印发票复印件，并由开票方税局开具《丢失增值税专用发票已报税证明单》；再由收票方主管税务机关审核同意后，才可作为增值税进项税额的抵扣凭证
丢失记账联	如果发票开出后尚未寄出，则开票单位复印发票的发票联作为记账凭证；若已寄出，则从金税卡中重新打印一次作为记账凭证。无须税局和收票单位进行任何处理

发票的作废与重开

发票作废是对填开发票信息录入错误的已开具发票实施作废。导致发票作废的原因有正常原因和非正常原因，如果发票是由于正常原因导致不能使用的，则在一定范围内是允许作废的；但若是非正常原因下的虚开、虚列，则作废操作是不可取的。

常见的发票作废的正常原因有开具错误、销货退回、销售折让及服务中止等。遇到这几种情况时，只要按照《中华人民共和国发票管理办法实施细则》的规定进行操作即可。

（1）一般纳税人发票作废的条件

一般纳税人在开具专用发票当月，发生销货退回或开票有误等情形，收到退回的发票联、抵扣联符合作废条件的，按作废处理；开具时发现有误的，可即时作废。符合作废条件是指同时具有以下情形：

- 收到退回的发票联、抵扣联时间未超过销售方开票当月。
- 销售方未抄税并且未记账。
- 购买方未认证或者认证结果为“纳税人识别号认证不符”、“专用发票代码”或“号码认证不符”等。

提示：作废的发票的处理

作废的专用发票须在防伪税控系统中将相应的数据电文按“作废”处理，在纸质专用发票（含未打印的专用发票）各联次的备注处注明“作废”字样，全联次留存。

（2）小规模纳税人发票作废的条件

小规模纳税人代开专用发票遇到销货退回、销售折让及发票填开错误等情形的，如果纳税人退回代开专用发票的全部联次，且退票发生在开票当月，则税务机关可对开具的专用发票进行作废；在未收回专用发票抵扣联及发票联，或虽已收回专用发票抵扣联及发票联但购货方已将专用发票抵扣联报送税务机关认证的情况下，一律不得作废已开具的专用发票。

（3）违规作废发票的后果

非正常原因作废发票的，下列这些方式不可取。

- **恶意隐瞒收入**：这是一种较为常见的情况，纳税人通过将已开具的发票进行作废，下月重开，将当月发票开具金额降到起征点以下，从而达到不上税的目的。
- **恶意串通，销售方违规作废，接票方虚列成本**：即销售方与接票方在有真实业务的前提下恶意串通，销售方违规作废开具的部分发票（未收回发票联），接票方虚列成本，从而达到偷税的目的。
- **涉嫌虚开发票**：部分企业涉嫌虚开发票，但为避免被税务机关发现，将部分发票作废，以平销或微利达到虚开发票的目的。

违规作废发票的查处方式：同一笔销售发票当月作废，次月重开，在起征点范围左右直接纳入风险扫描重点，并由系统自动提醒；发票纳入增值税发票管理系统，作废时系统即刻进行比对提醒。

违规作废发票的处罚：补缴税款；加收滞纳金、罚款；严重者移交司法机关。财务人员不能因为满足某些不明其中利害关系的企业管理者的要求而对发票进行随意作废，这样不仅违背自己的职业道德，还会使企业引起税务机关的警觉而引来不必要的麻烦。

从外单位取得的原始凭证遗失怎样处理

从外单位取得的原始凭证若有遗失，则应取得原开具单位盖有公章的证明，并注明原来凭证的号码、金额和内容等，经办单位会计机构负责人、会计主管人员和单位领导人批准后，才能代作原始凭证。若确实无法取得证明的，如火车票、轮船票及飞机票等凭证，由当事人写明详细情况，经办单位会计机构负责人、会计主管人员和单位领导人批准后，代作原始凭证。

如何整理粘贴报销票据

票据的粘贴一般是指差旅费报销时的票据粘贴，若票据的粘贴不符合规定，不仅影响费用的审批时间，也可能会给企业带来不小的经济损失，所以票据粘贴也是财务人员不容小觑的一项工作。

报销单是由封面、原始票据以及粘贴单等组成的，也就是原始票据必须粘贴在粘贴单上才是规范的操作：出租车发票一定要从上而下、从右到左呈鱼鳞状粘贴；火车票、汽车票要按日期先后顺序与行程粘贴，严禁用订书机代替胶水粘贴；住宿发票要按日期和行程粘贴，粘贴时注意不要将发票的有效信息遮盖。增值税专用发票的粘贴，超出报销单的部分要折叠，发票不得揉搓挤压或造成票面污染，记账联和抵扣联必须齐全。

提示：小票粘贴后，单据如何计数

原始单据的计数应根据不同情况分别计算其数量：对能全面反映每笔经济业务的活动情况的原始凭证，应按照自然张数计算；对不能全面反映每笔经济业务，需要附件进行补充和说明的，应在原始凭证上注明附件张数，并将其粘贴在一起，但是附件不单独进行计数；对利用自制封面进行汇总的单据，其封面已对所反映的经济业务活动进行综合说明，对所附凭证张数也已经注明，所以，它们应作为一张原始凭证计算。

什么情况下需要分割原始凭证

原始凭证分割单是指一张原始凭证所列的支出，需要由两个以上的单位共同承担，这时应当由保存该原始凭证的单位开给其他应负担支出的单位原始凭证分割单，收到原始凭证分割单的单位以此作为原始凭证进行记账。原始凭证分割单的格式如图10-1所示。

原始凭证分割单

年　月　日　　编号

接收单位名称			地址			
原始凭证	单位名称		地址			
	名称		日期		号码	
总金额	人民币（大写）		千 百 十 万 千 百 十 元 角 分			
分割金额	人民币（大写）		千 百 十 万 千 百 十 元 角 分			
原始凭证主要内容，分割原因						
备注						

单位名称（公章）　会计：　制单：

图10-1

原始凭证分割单必须具备原始凭证的基本内容（凭证名称、填制凭证日期、填制凭证单位名称或者填制人姓名、经办人的签名或者盖章、接受凭证单位名称、经济业务内容、数量、单价及金额等），标明费用分摊情况，并在分割单上加盖单位的财务印章。

所有的记账凭证都应附有原始凭证吗

记账凭证是以原始凭证作为依据而编制形成的，但并不是所有的记账凭证都必须附有原始凭证。有以下几种情况，记账凭证是可以不用附带原始凭证的。

- ◆ 会计人员发现之前的记账凭证出现错误，在以后会计期间进行调账处理的。该情形是已将该笔业务的原始凭证在错误的记账凭证下进行粘贴，在后面调账的记账凭证则不需要再进行粘贴，只需要将原本的记账凭证号登记清楚就可以了。

◆ 期末进行会计结转的记账凭证。期末将费用、支出和收入结转到本年利润当中，这些结转项目的记账凭证没有原始凭证作为依据，可以不粘贴原始凭证。

税务处理中的常见问题解析

税务处理是财务处理的最后一步，也是至关重要的一步。换句话说，我们之前的所有处理，不仅是为了明确和反映企业的经营情况和结果，更是为企业的纳税工作做前期准备。那么，在税务处理过程中有哪些常见的问题呢？特别是在“金税三期”上线后，企业和财务人员面临着新的税务挑战。

税务登记很重要

税务登记是企业税务活动的第一步。进行税务登记既是税务机关进行税收管理的需要，也是维持企业与税务机关的联系的手段，更是企业依法开展税务工作的有效保障。

（1）税务登记的准备材料

财务人员需要根据规定，向税务机关提供相关的证件和材料，然后才能进行税务登记。进行税务登记的准备材料主要有：工商营业执照或者其他核准执业证件；有关企业的合同、章程及协议书；组织机构统一代码证书（三证合一后，只提供营业执照即可）；法定代表人的居民身份证、护照或者其他合法证件；主管税务机关要求提供的其他有关证件和资料。

（2）开业税务登记

开业税务登记是企业在成为正式的法定纳税人之前，向税务机关申请进行的登记。开业税务登记的程序如图10-2所示。

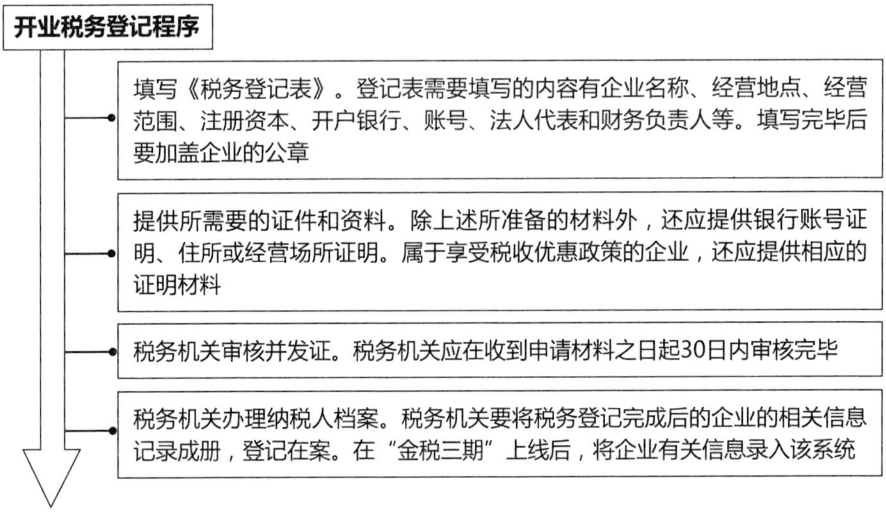

图10-2

（3）变更税务登记

随着企业的发展和经济活动的进行，先前办理的税务登记内容有可能会发生变化，这时就应当到税务机关办理变更税务登记，使税务登记信息与实际经营信息相符。

按照规定，纳税人在发生如下所示的变更时，应当在发生之日起30日内，到税务机关申请变更税务登记。

- ◆ 改变纳税人、扣缴义务人名称。
- ◆ 改变法定代表人。
- ◆ 改变登记注册类型。
- ◆ 改变注册地址或经营地址。
- ◆ 改变银行账号。

◆ 改变经营期限。

◆ 改变电话号码或联系方式。

◆ 增设或撤销分支机构。

纳税人向税务机关提交变更税务登记申请，填写《税务登记变更表》，税务机关在收到申请和登记表并审核资料是否完整后30日内向申请企业发放新的税务登记证。

（4）注销税务登记

按照规定，纳税人在发生如下所示的情形时，应当在发生之日起30日内，到税务机关办理注销税务登记，解除与税务机关的税务关系。

◆ 由于解散、破产等原因导致需要终止纳税义务。

◆ 由于经营地点发生变化而使得税务登记证内容发生改变的。

◆ 纳税人被工商部门吊销营业执照而终止营业。

◆ 其他需要注销的情形。

纳税人在注销税务登记前，需要缴清所有的税款、罚款或者滞纳金等。提出申请后，税务部门将在30日内进行审核，并办理注销税务登记。

“金税三期”的由来及意义

“金税三期”是我国税收管理信息系统工程的总称，是运用“互联网+”思维，稳步推行增值税发票管理新系统，推广电子发票，加大税收大数据运用，使税收征管从凭个人经验管理向依靠大数据分析转变的一项应用系统。“金税三期”上线初期，将所有的纳税人信息录入该系统。为保证信息的准确无误，税务机关会对纳税人信息进行反复比对与核实，所以该系统上线初期，财务人员需要有极大的耐心及责任心，以保证“金税三期”的顺利上线，同时也有利于企业往后的纳税工作顺利开展。

自1994年以来，金税工程共经历了如图10-3所示的3个阶段，所以叫作“金税三期”。

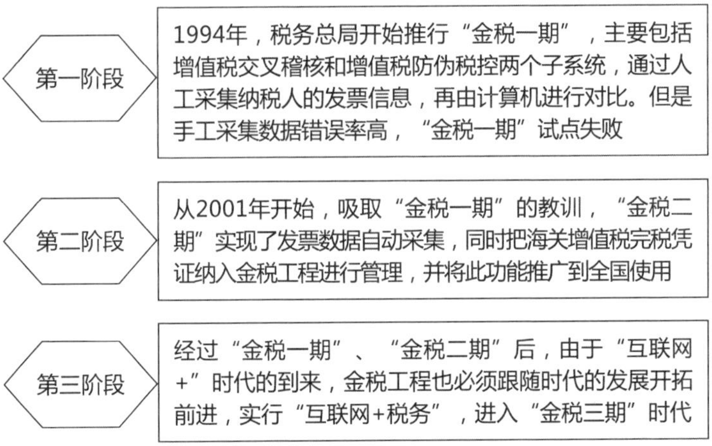

图10-3

“金税三期”功能更加强大，运行更加流畅，内容更加完备，流程更加合理，是税务机关为纳税人提供优质高效的纳税服务的重要基础。

“金税三期”的上线对进一步规范税收执法、优化纳税服务、实现“降低税务机关征纳成本和执法风险，提高纳税人遵从度和满意度”的税收征管改革目标等具有极其重要的意义。

税务局稽查对象的渠道及立案检查

“金税三期”的上线让所有想要利用税务漏洞来谋求利益的企业都无所遁形，也让所有想要在此系统下生存的企业都必须进行“转型”，而所有企业的财务部门也将“合法合规”提上日程，只有真正做到合法合规，才能将企业做大做强。

但是我们也应该了解税务局重点稽查的对象以及稽查对象抽取的渠道具体有哪些，这样才能尽量避免企业成为税务稽查的重点对象。税务稽查的对象主要通过以下10个渠道获取。

- ◆ 纳税人自行申报的税收数据和信息，以及税务局在税收管理过程中形成的税务登记、发票使用、税收优惠、资格认定、出口退税及企业财务报表等涉税数据和信息。
- ◆ 税务局风险管理等部门在风险分析和识别工作中发现并推送的高风险纳税人风险信息。
- ◆ 上级党委、政府及纪检监察等单位和上级税务机关通过督办函和交办函等形式下发的督办、交办任务提供的税收违法线索。
- ◆ 检举人提供的税收违法线索。
- ◆ 受托协查事项形成的税收违法线索。
- ◆ 公安、检察、审计和纪检监察等外部单位以及税务局督察内审、纪检监察等部门提供的税收违法线索。
- ◆ 专项情报交换、自动情报交换和自发情报交换等过程中形成的国际税收情报信息。
- ◆ 稽查局执法过程中形成的案件线索和处理处罚等税务稽查数据。
- ◆ 政府部门和社会组织共享的涉税信息以及税务局收集的社会公共信息等第三方信息。
- ◆ 其他涉税数据、信息和税收违法线索。

“公安部派驻国家税务总局联络机制办公室”的揭牌仪式在国家税务总局举行，此举标志着警税协作，防范和打击涉税违法犯罪进入新的阶段。此部门的成立将重点打击如表10-4所示的4种行为。

表 10-4

行为	打击做法
出口骗税	稳、准、狠地打击出口骗税，坚决遏制骗税的猖獗势头
发票虚开	统筹协调指导各地税务机关和公安机关行动，集中力量查处一批重大虚开案件

续表

行为	打击做法
发票犯罪	要针对全面推开营改增试点后出现的新情况、新问题，全面开展非法发票“卖方市场”整治行动
偷逃税	要认真研究涉税违法犯罪的新动态、新特点和新手段，指导各级警税部门有效打击严重的偷逃税行为

企业往来款的税收风险

企业的经营活动需要与往来单位进行款项挂账，这是企业一项重要的经济业务，但是这部分往来款项涉及的税收风险也是巨大的。

（1）隐瞒收入风险

企业销售货物或者提供服务，按照协议要求收到对应的资金流入，通常应该确认为收入。实务中很多企业为隐瞒收入或推迟收入确认时间，将收入的资金流入记入“预收账款”或“其他应付款”科目核算。

（2）视同分红风险

民营企业的股东多为自然人，如果分红，则应当缴纳个人所得税。实务中很多企业为躲避分红，采取种种变通手段将资金抽走，核算中多体现在“预付账款”和“其他应收款”两个科目中。

（3）借款利息涉税风险

企业之间的借款，以及企业与个人之间的借款，如果是非关联方借款，则通常签署规范的借款协议并计算利息，但实务中往往拿不到借款方提供的发票；如果是关联方借款，则通常没有规范的借款协议，或者直接约定资金的无偿使用，最终也导致没有利息发票入账。

（4）成本费用虚增风险

成本费用通常应凭借发票入账，同时向对方支付约定款项。实务中有些企业通过购买虚开增值税发票取得入账票据，但无法支付对应款项，只能计入应付账款科目，表现为长期无法支付，或者一段时间以后以现金强行冲掉，或者将其转化为股东个人代支付，将应付账款调整为股东个人的其他应付款。但无论如何隐藏，不能改变款项未能支付的事实。

（5）被迫确认收入的所得税风险

企业经营中，有时候会出现长期挂账的应付账款和其他应付款。无论是什么原因形成的，只要挂账时间超过3年，且无法证明该笔款项仍需支付的，税务机关有可能认定为“确已无法偿付的应付款项”，这属于企业所得税法中所界定的其他收入中的一种特殊收入类型。

因此，企业需要定期清理往来业务中的应付账款和其他应付款，需要支付的及时支付，的确不需要支付的应转入营业外收入，及时确认收入并缴纳所得税，避免检查中被迫确认收入的同时还要计缴罚款和滞纳金。

（6）胡乱对冲的往来处理风险

由于往来款项成因复杂、来源多样，很多往来科目会变成长期挂账的死科目，但这并不意味着可以随意处理。尤其是实务中很多企业财务人员在发现问题无法简单解决的情况下，将分属于不同主体的往来账随意调整，甚至将资产和负债科目胡乱对冲。不处理还好，随意地、无根据地处理反而会使得隐藏的问题迅速浮出水面，风险直接爆发。

因此，财务人员应在每个会计年度终了之前，对于本年度形成的往来款项进行逐一核查，发现问题及时解决，确保往来核算问题不积累、风险不堆积。

读者意见反馈表

亲爱的读者：

感谢您对中国铁道出版社的支持，您的建议是我们不断改进工作的信息来源，您的需求是我们不断开拓创新的基础。为了更好地服务读者，出版更多的精品图书，希望您能在百忙之中抽出时间填写这份意见反馈表发给我们。随书纸制表格请在填好后剪下寄到：北京市西城区右安门西街8号中国铁道出版社综合编辑部 王佩 收（邮编：100054）。或者采用传真（010-63549458）方式发送。此外，读者也可以直接通过电子邮件把意见反馈给我们，E-mail地址是：1958793918@qq.com。我们将选出意见中肯的热心读者，赠送本社的其他图书作为奖励。同时，我们将充分考虑您的意见和建议，并尽可能地给您满意的答复。谢谢！

所购书名： ______________________________

个人资料：

姓名：____________ 性别：__________ 年龄：__________ 文化程度：________________

职业：____________________ 电话：________________ E-mail：____________________

通信地址：______________________________________ 邮编：____________________

您是如何得知本书的：

□书店宣传 □网络宣传 □展会促销 □出版社图书目录 □老师指定 □杂志、报纸等的介绍 □别人推荐

□其他（请指明）____

您从何处得到本书的：

□书店 □邮购 □商场、超市等卖场 □图书销售的网站 □培训学校 □其他

影响您购买本书的因素（可多选）：

□内容实用 □价格合理 □装帧设计精美 □带多媒体教学光盘 □优惠促销 □书评广告 □出版社知名度

□作者名气 □工作、生活和学习的需要 □其他

您对本书封面设计的满意程度：

□很满意 □比较满意 □一般 □不满意 □改进建议

您对本书的总体满意程度：

从文字的角度 □很满意 □比较满意 □一般 □不满意

从技术的角度 □很满意 □比较满意 □一般 □不满意

您希望书中图的比例是多少：

□少量的图片辅以大量的文字 □图文比例相当 □大量的图片辅以少量的文字

您希望本书的定价是多少：

本书最令您满意的是：

1.

2.

您在使用本书时遇到哪些困难：

1.

2.

您希望本书在哪些方面进行改进：

1.

2.

您需要购买哪些方面的图书？对我社现有图书有什么好的建议？

您更喜欢阅读哪些类型和层次的理财类书籍（可多选）？

□入门类 □精通类 □综合类 □问答类 □图解类 □查询手册类

您在学习计算机的过程中有什么困难？

您的其他要求：